MEIN ERSTES GROSSES

BILDLEXIKON

Ein Dorling-Kindersley-Buch
www.dk.com

Titel der englischen Originalausgabe:
My First Encyclopedia

Autor: Carol Watson
Fotografie: Steve Shott und Susanna Price
Illustrationen: Robin Jacques und Graham Philpot
Zusätzliche Fachberatung: Prof. Elizabeth Goodacre, Steve Parker,
Dr. T Kramer, James Mills-Hicks, DK Cartography

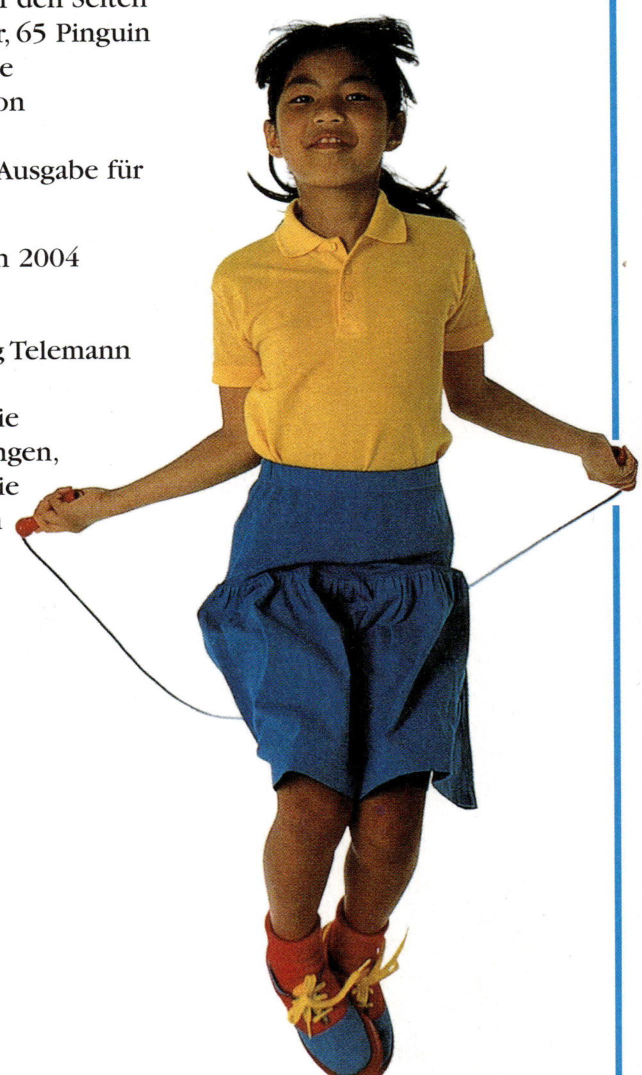

Genehmigte Lizenzausgabe der deutschsprachigen Ausgabe für
paletti,
ein Imprint der Verlag Karl Müller GmbH, Köln 2004
www.karl-mueller-verlag.de

Aus dem Englischen von Andreas Firley und Georg Telemann

Umschlaggestaltung: Michael Rösch

Printed in Italy

ISBN: 3-89893-996-0

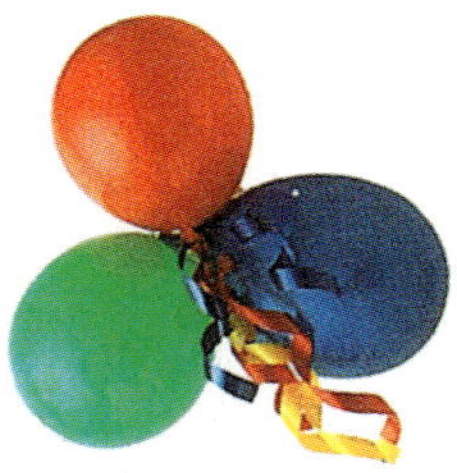

MEIN ERSTES GROSSES BILDLEXIKON

paletti

Komm mit!

Jeder Tag ist der Anfang einer Reise, die jedesmal neu beginnt. Wir sind gespannt und neugierig, denn unsere Welt ist voller Überraschungen und Rätsel.

Eine Entdeckungsreise ist auch dieses Buch. Sie fängt zuhause an und zeigt, wo wir wohnen und mit wem wir zusammen sind, sie geht weiter auf die Straße, in die Schule, in die Stadt, hinaus aufs Land und dorthin, wo die Menschen arbeiten. Autos sehen wir, Häuser, Tiere und Pflanzen, wir kommen zum Strand und in die Wüste und sogar hinaus in den Weltraum.

Überall ist Leben. In einem Wassertropfen, im Blumentopf, in den Büschen und Bäumen: Lebewesen überall, nur können wir sie oft nicht sehen. Winzige Krabbeltiere, Blumen auf der Wiese und mächtige Bäume im Wald und wilde Tiere, Fische im Wasser, Vögel in der Luft, Menschen bei der Arbeit und beim Vergnügen: dies alles und noch mehr gehört zu unserer Welt.

Was wir davon sehen, kommt uns groß und gewaltig vor. Die Erde ist aber nicht für sich allein: am Tag sehen wir die Sonne und in der Nacht den Mond und die vielen Sterne. Tatsächlich ist die Erde klein, verglichen mit anderen Himmelskörpern: mehr als eine Million Erdkugeln hätten in der Sonne Platz, das kann man sich kaum vorstellen.

Unsere Erde ist ein Stern im Weltraum, einer von vielen, ein Planet, ein wunderbarer. Davon erzählt dieses Buch in den Bildern zum Anschauen und in den Texten zum Lesen. Damit wir Bescheid wissen, damit wir vieles wiederfinden, das wir schon kennen, und damit wir Neues entdecken: unsere Welt.

Inhalt

Unser Körper

Der menschliche Körper
besteht aus vielen verschiedenen Teilen.
Jedes Körperteil hat eine ganz bestimmte Aufgabe;
aber alle arbeiten zusammen, damit wir wachsen
und am Leben bleiben.

Haut
Der ganze Körper
ist mit Haut bedeckt.
Sie schützt das Innere
des Körpers und verhindert,
daß Krankheitserreger eindringen.

Die Muskeln
sind an den Knochen befestigt.
Die Muskeln brauchst du
zum Aufstehen, zum Tragen
und damit du dich überhaupt
bewegen kannst.

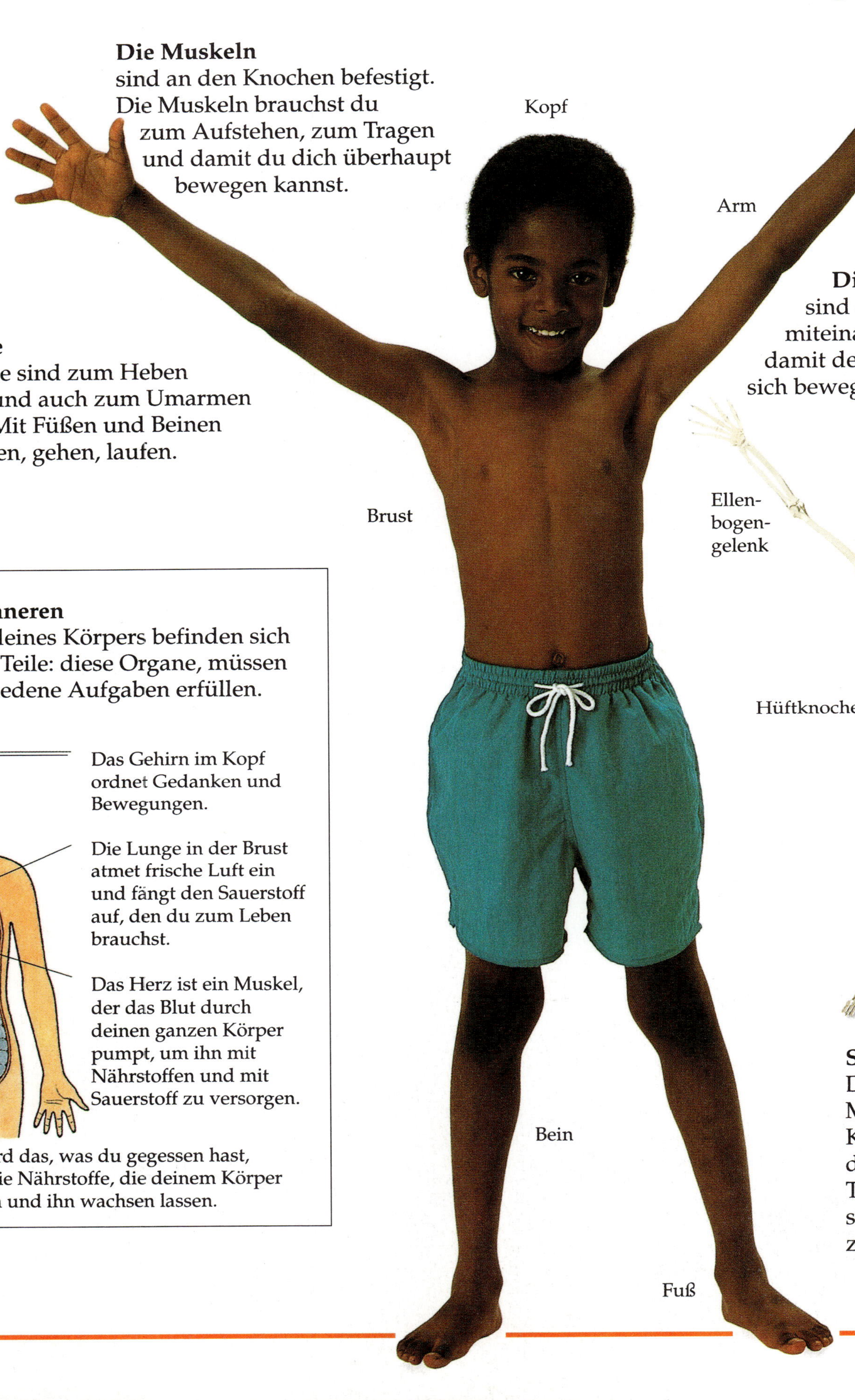

Die Knochen
sind durch Gelenke
miteinander verbunden,
damit der Mensch
sich bewegen kann

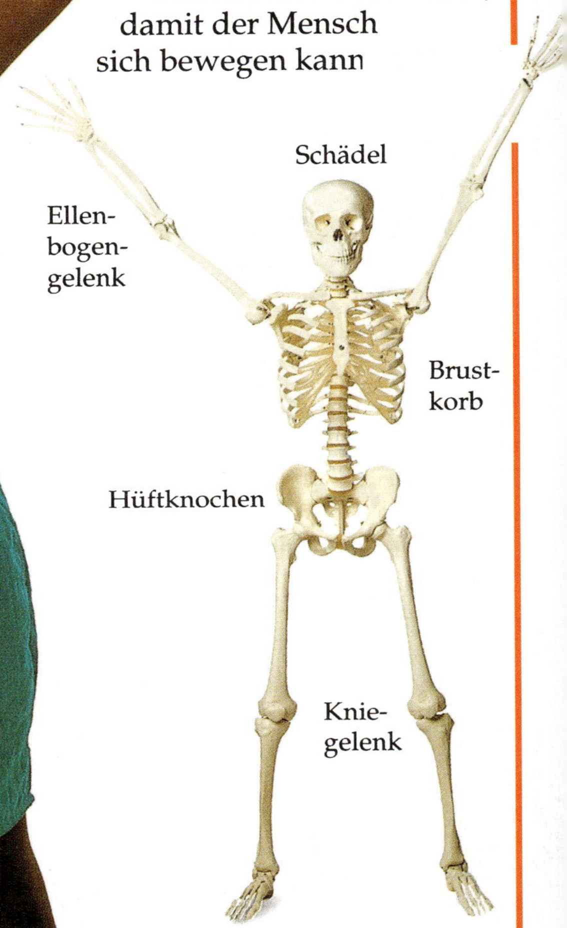

Arme und Beine
Arme und Hände sind zum Heben
und Tragen da, und auch zum Umarmen
und Streicheln. Mit Füßen und Beinen
können wir stehen, gehen, laufen.

Im Körperinneren
Im Inneren deines Körpers befinden sich
die weichen Teile: diese Organe, müssen
ganz verschiedene Aufgaben erfüllen.

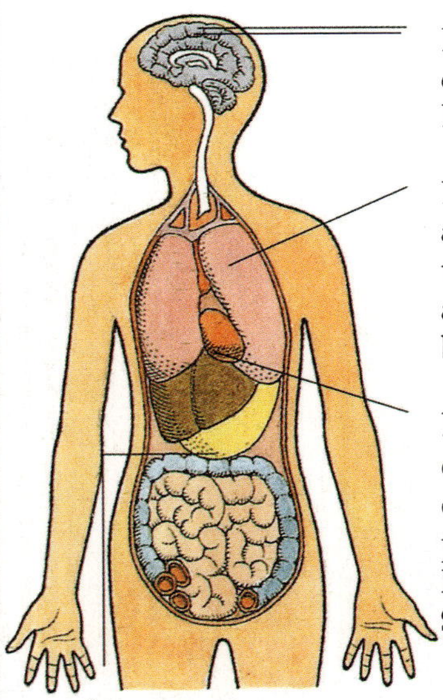

Das Gehirn im Kopf ordnet Gedanken und Bewegungen.

Die Lunge in der Brust atmet frische Luft ein und fängt den Sauerstoff auf, den du zum Leben brauchst.

Das Herz ist ein Muskel, der das Blut durch deinen ganzen Körper pumpt, um ihn mit Nährstoffen und mit Sauerstoff zu versorgen.

Im Magen wird das, was du gegessen hast, aufgelöst in die Nährstoffe, die deinem Körper Energie geben und ihn wachsen lassen.

Skelett
Das Skelett des
Menschen ist das
Knochengerüst,
das die weichen
Teile des Körpers
schützt und
zusammenhält.

Wachsen
Wenn ein Mensch anfängt zu leben, wächst er auch. Mit dem Wachstum verändert sich sein Körper. Erst wenn er ungefähr 20 Jahre alt ist, hört er auf zu wachsen. Aber der Körper hört nie auf, sich weiter zu verändern.

Jungen und Mädchen
Ein Mensch ist entweder männlich oder weiblich.
Aus Jungen werden Männer, aus Mädchen Frauen.

Jeder Mensch sieht anders aus als der andere. Nicht einmal Zwillinge haben genau das gleiche Gesicht.

Sprache
Die Stimmbänder in deiner Kehle machen Geräusche. Mit Hilfe von Mund und Zunge kannst du diese Geräusche in Worte verwandeln, die jeder versteht.

Hören
Du hörst mit deinen Ohren. Sie fangen die Geräusche auf und schicken sie zum Gehirn.
Dein Gehirn sagt dir dann, was die verschiedenen Geräusche bedeuten.

Sehen
Zum Sehen benützen wir die Augen.
Sie arbeiten ähnlich wie eine Kamera, die andauernd Bilder zum Gehirn schickt.
Sehfehler des Auges kann eine Brille in Ordnung bringen.

Geschmack
Mit Hilfe der Zunge können wir schmecken.
Sie ist über und über bedeckt mit Geschmacksknospen; dadurch merkst du, ob das, was du gerade ißt, süß, sauer, salzig oder bitter ist.

Berühren, Fühlen
Wenn du etwas anfaßt, melden die Nerven in deiner Haut dem Gehi ob etwas weich oder har rauh oder glatt, heiß oder kalt ist.

Geruch
Du riechst mit Hilfe deiner Nase.
Die Geruchsnerven sagen dem Gehirn, was sie spüren.

Familie

Zur Familie gehören
zuerst einmal die Eltern
und ihre Kinder, dann
aber auch alle Menschen,
mit denen wir verwandt sind.
Hier sehen wir,
wie Familie Schmidt
und Familie Braun
zusammengehören.

Großeltern
Dies sind
Herr und Frau Braun
sowie Herr
und Frau Schmidt.
Sie sind die Großeltern
von Eva.

Eva nennt
ihre Großeltern
Oma und Opa.

Eltern
Dies sind Robert
und Susanne,
die Eltern
von Eva.
Roberts Eltern
sind Herr
und Frau Braun.
Susannes Eltern
sind Herr
und Frau Schmidt.

Eva nennt
ihre Eltern
Papa und Mama.

Onkel
Das ist Peter,
Susannes Bruder.
Er ist der Onkel
von Eva.

Tante
Das ist
Maria,
Susannes
Schwester.
Sie ist
die Tante
von Eva.

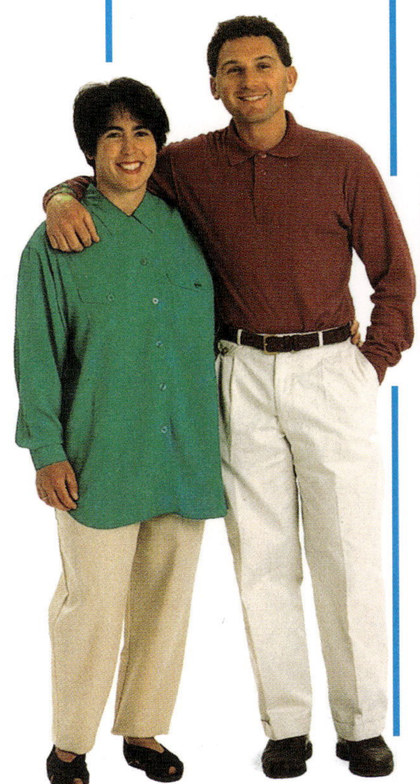

Auch
Klaus,
Marias
Mann,
ist ein
Onkel
von Eva.

Vetter
Das sind
Marias Kinder.
Sie sind die Vettern
von Eva.

Schwester und Bruder
Dies ist Eva. Ihr kleiner Bruder
heißt Benjamin.
Ihre Mutter und ihr Vater
sind Susanne und Robert.

Marias Kinder
kamen am
selben Tag
zur Welt:
es sind
Zwillinge.

Geburt
Alle freuen sich,
wenn das Baby
gesund zur Welt
gekommen ist.

Ferien
Darauf hat sich Katja
schon lange gefreut:
mit Vater fährt sie
in die Ferien.

Bei den Großeltern
Ein Besuch
bei Oma und Opa
ist immer etwas
ganz Besonderes.

Hochzeit
Emma und Sam heiraten.
Zum Hochzeitsfest
kommen ihre Familien
zusammen
und wünschen dem Paar
Glück und Segen.
Zur Feier des Tages
sind alle fein angezogen.
Fotos und Video-
Aufnahmen
erinnern an das Fest.

Geburtstag
Laura aus London
feiert Geburtstag.
Peter und Susi
von nebenan sind
mit ihrer Mutter
gekommen;
nun essen und spielen
alle gemeinsam.

Im Haus

Die Menschen leben
in verschiedenen Häusern.
Wer an einem bestimmten Ort bleibt,
wohnt meist in einem Haus.
Andere ziehen wegen ihrer Arbeit
von Ort zu Ort
und leben in Zelten
oder Wohnwagen.

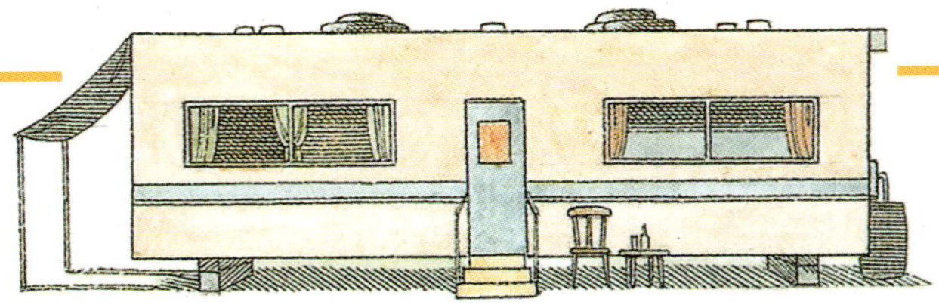

Wohnwagen
Ein Wohnwagen ist ein Haus zum Mitnehmen.
Dieser große Wohnwagen ist für längere Zeit aufgestellt.
Die meisten Wohnwagen sind Anhänger mit Rädern
und werden von einem Auto gezogen.

Wohnzimmer
Das Wohnzimmer
ist ein gemütlicher Raum,
in dem man sich ausruhen,
lesen oder fernsehen kann.

Küche
In der Küche
werden Lebensmittel gelagert
und das Essen gekocht.
Manche Familien
essen auch in der Küche.

Verschiedene Häuser
Häuser können ganz verschieden gebaut sein:
aus Holz, Ziegeln oder Steinen;
Hochhäuser sind meist aus Glas und Beton.

Am Stadtrand
und auf dem
Land ist mehr
Platz für
einzelstehende
Häuser.

Holzhaus

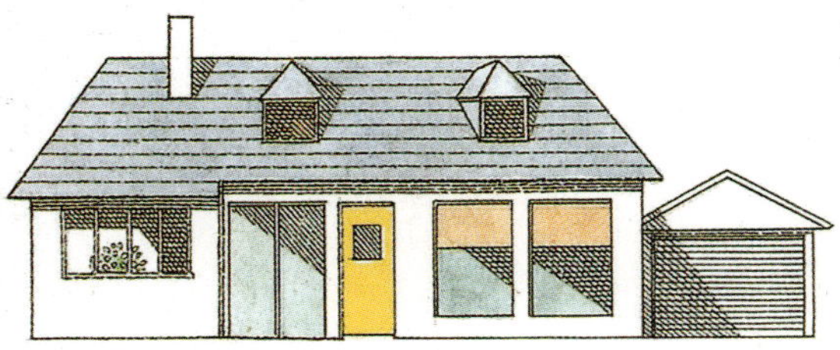

Backsteinhaus

Villa

Häuser auf Pfählen
In Sumpfgebieten und in der Nähe von Flüssen werden Häuser auf Pfählen errichtet.

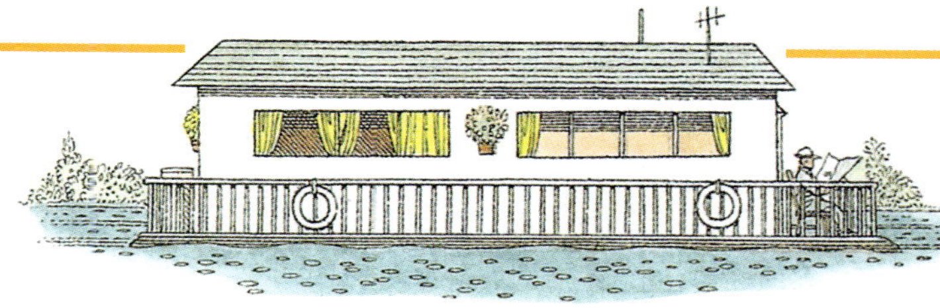

Hausboot
Ein Hausboot ist ein Schiff zum Wohnen. Oft bleibt es auf seinem Liegeplatz am Ufer. Manchmal dient es als schwimmendes Ferienhaus.

Mit Hilfe von Pfählen kann man sogar an steilen Hängen Häuser bauen.

Schlafzimmer
Im Schlafzimmer stehen die Betten und oft auch Schränke für Kleidung und Wäsche. Im Kinderzimmer sind außer dem Bett auch Bücher und Spielsachen.

Badezimmer
Im Badezimmer gibt es meist eine Badewanne oder eine Dusche, eine Toilette und ein Waschbecken. Die tägliche Körperpflege ist wichtig, damit wir gesund bleiben.

Hochhäuser bestehen aus vielen Stockwerken. In jedem Stockwerk sind große und kleine Wohnungen. Hochhäuser baut man vor allem in großen Städten, in denen wenig Platz ist.

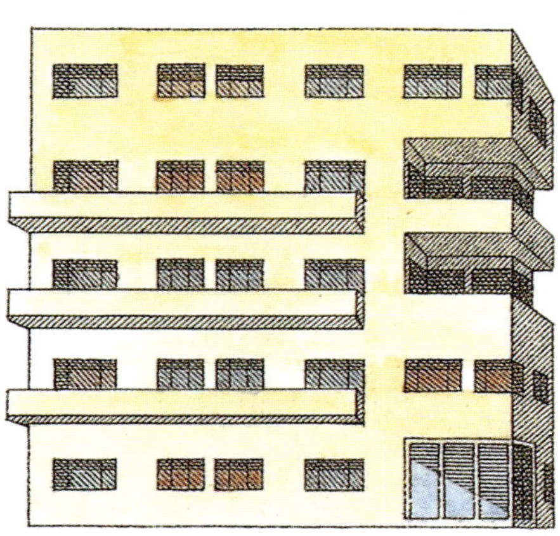

Wohnhaus

Altes Stadthaus

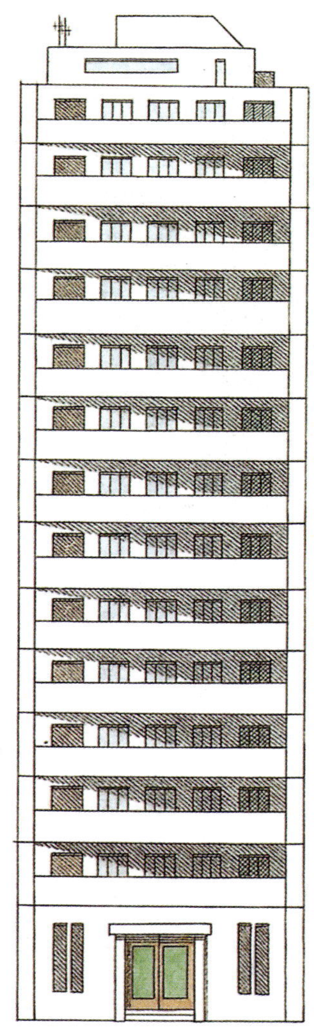

Hochhaus

Haustiere

Viele Menschen halten sich zahme Tiere als Haustiere. Es macht Spaß, mit ihnen umzugehen, aber man muß auch für sie sorgen; das kann manchmal harte Arbeit sein. Bevor man sich ein Haustier anschafft, sollte die ganze Familie damit einverstanden sein.

Maus
Eine zahme, kleine Maus muß man vorsichtig behandeln. Ihr Käfig muß groß genug sein und zwei- bis dreimal in der Woche saubergemacht werden.

Pony
Manche Kinder haben Glück und dürfen ein Pony halten und auf ihm reiten.
Das Tier muß jeden Tag gestriegelt und bewegt werden.

Hase
Hasen sind freundliche Tiere. Wenn du oft mit ihnen spielst, werden sie schnell zutraulich. Hasen müssen draußen leben, am besten in einem Verschlag auf eingezäuntem Gelände, wo sie herumlaufen können.

Fisch
Es ist eine Freude, den Fischen zuzuschauen, wie sie im Aquarium umherschwimmen. Goldfische müssen jeden Tag eine ganz bestimmte Menge Futter bekommen.

Wellensittich
Wellensittiche sind sehr farbenfrohe Vögel. Am wohlsten fühlen sie sich in einem geräumigen Käfig.

Manche Wellensittiche lernen, Geräusche nachzuahmen und einzelne Wörter zu sprechen.

Hund
Ein Hund ist ein guter Freund,
der viel Liebe und
Aufmerksamkeit braucht.
Hunde müssen jeden Tag
Auslauf bekommen,
damit sie gesund bleiben.
Sie lieben lange Spaziergänge
und spielen gern mit Bällen
oder Stöcken, die sie eifrig
suchen und herbeibringen.

Meerschweinchen
Meerschweinchen sind scheue Tiere,
die sich aber leicht zähmen lassen.
Sie fressen gerne und brauchen viel Bewegung.

Tierpflege
Jedes Tier muß sauber gehalten
werden. Ein Hundefell
sollte man regelmäßig bürsten,
damit es schön und sauber
bleibt.

Beim Tierarzt

Ein krankes Haustier
Wenn dein Haustier nichts frißt
oder aber mehr trinkt
als gewöhnlich,
sollte es der Tierarzt
untersuchen.

Untersuchung
Der Tierarzt untersucht
dein Tier vorsichtig
und genau nach Anzeichen
von Krankheiten.

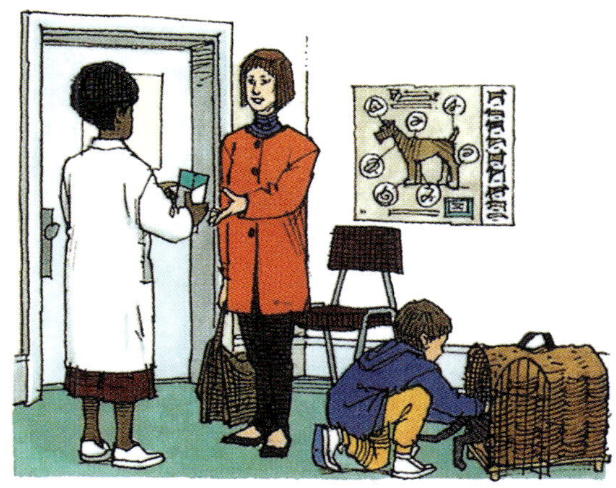

Medizin
Manchmal hilft eine Spritze
beim Arzt,
manchmal braucht dein Tier
Tabletten oder besonderes Fressen,
um wieder gesund zu werden.

Katze
Katzen spielen gerne und lieben es,
gestreichelt zu werden.
Aber sie brauchen auch Zeit für sich.
Nachdem sie gefressen hat,
verbringt eine Katze viel Zeit damit,
sich sorgfältig zu putzen.
Katzen schlafen meist tagsüber
und sind in der Nacht
unterwegs.

Alles an einem Tag

Wenn die Sonne am Morgen aufgeht,
beginnt ein neuer Tag.
Den Tag über haben wir immer zu tun:
wir arbeiten, essen oder spielen.
Wenn am Abend die Sonne untergeht
sind wir müde und ruhen uns aus.

Am Morgen
Aufwachen!
Waschen!
Anziehen!
Ein neuer Tag!

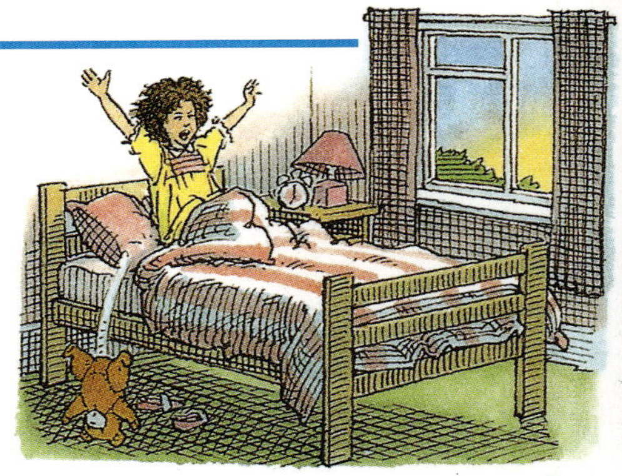

Das Frühstück
Frühstücken
ist wichtig.
Wir sollten immer
genug Zeit
dafür haben.

Schule
Oft ist die Schule
in der Nähe,
da können die Kinder
zu Fuß hingehen
oder mit dem Fahrrad
fahren.
Oder sie benützen
die Straßenbahnen
oder vielleicht sogar
einen eigenen Schulbus.

Wir lernen
In der Schule lernen wir lesen, schreiben, rechnen
und andere Dinge. Wir finden aber auch neue Freunde
und merken, daß es Spaß macht,
etwas gemeinsam zu tun.

Malen
macht Spaß.
Dabei lernen wir
mit Farben
umgehen.

Lehrer zeigen
uns Neues
und lernen mit uns.

Singen macht Spaß und
Musik machen auch,
mit Trommel, Gitarre
und anderen
Instrumenten.

Mit dem Ball
spielen alle gern.

Am Nachmittag
Nach der Schule ist Zeit zum Spielen,
am liebsten draußen.
Andere Kinder lesen gerne
oder schauen einfach nur,
was im Fernsehen
kommt.

Abendbrot
Es ist schön,
wenn am Abend
die ganze Familie
am Tisch sitzt und zusammen ißt.
Da kann jeder erzählen,
was er den Tag über gemacht hat.

In manchen Familien
ißt man nur
am Wochenende
gemeinsam,
wenn die Eltern
am Werktag
lange arbeiten müssen.

Der Abend
Wenn die Sonne
abends untergeht,
wird es allmählich dunkel:
die richtige Zeit für eine
Gute-Nacht-Geschichte
vor dem Einschlafen.

Schlafen gehen
Nach einem langen Tag
fallen mir die Augen
von selbst zu.
Vor dem Einschlafen
denke ich gerne
an etwas Schönes.

Sauberkeit
Waschen muß sein,
weg mit dem Dreck
vom Kopf
bis zu den Zehen.

Sport und Spiel

Alle Menschen spielen gern.
Sport macht Spaß und sorgt dafür,
daß wir gesund bleiben.
Denn es ist ganz wichtig,
daß wir uns jeden Tag genug bewegen.

Fahrradfahren
Immer mehr Menschen
fahren mit dem Fahrrad,
und nicht nur Kinder.
Sie fahren zum Spaß
und zur Schule,
Erwachsene
fahren zur Arbeit
oder am Wochenende
als Sport.

Schlittschuhlaufen
Schlittschuhläufer
tragen leichte Schuhe
mit Kufen:
so können sie
übers Eis gleiten.
Aber das Eis ist glatt.

Turnen
Turner müssen stark
und gelenkig sein:
um zu springen,
Saltos zu machen,
um zu balancieren,
oder das Rad zu schlagen.
Diese Turnerin
trägt ein dehnbares Trikot.

Judo
Judo ist ein Sport für zwei.
Beide tragen weiße
Judoanzüge und stehen
auf weichen Matten.
Die Kämpfer lernen
verschiedene Griffe,
um ihre Gegner
nach genauen Regeln
auf den Boden
zu werfen.

Schwimmen
Schwimmen macht immer Spaß.
Im Schwimmbad
kann man mit anderen
um die Wette schwimmen,
die Rutschbahn
oder ein Sprungbrett benützen.

Läufer tragen Schuhe mit dicken weichen Sohlen.

Laufen
Wettläufer brauchen kräftige Beine und eine gesunde Lunge. Der Sport wird auf der Aschenbahn im Stadion, manchmal auch auf der Straße oder im Wald betrieben.

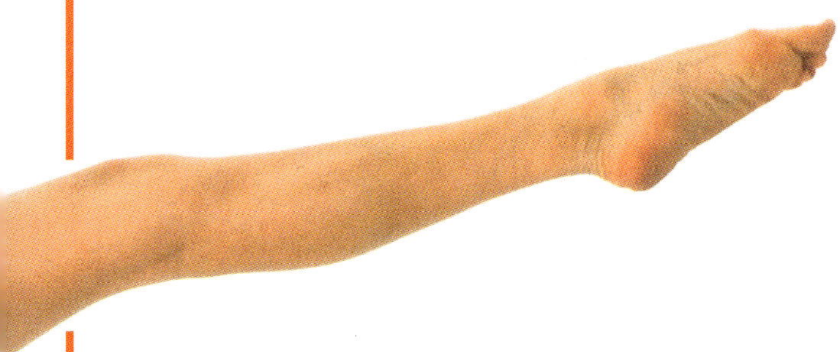

Zuschauer
Im Stadion haben viele Menschen Platz, um den Sportlern zuzuschauen: beim Fußball, aber auch bei anderen Wettbewerben.

Basketball
Basketball wird mit zwei Mannschaften zu je 10 Spielern gespielt. Es kommt darauf an, Punkte zu machen. Die Mannschaft bekommt dann einen Punkt, wenn der Ball durch den Korb geworfen wurde.

In Sportkleidung wie Turnhose und Trikot kann man sich frei bewegen und schwitzt nicht so schnell.

Rollschuhlaufen
Bei Rollschuhen sind meist vier Räder angeschraubt. Als Schutz beim Fallen tragen Rollschuhläufer einen Helm sowie Knie- und Ellenbogenschützer.

Ballspiele
Für viele Sportarten braucht man ganz verschiedene Bälle. Fußballspieler dürfen den Ball mit den Füßen und dem ganzen Körper bewegen, nur nicht mit den Händen. American-Football-Spieler werfen und fangen den Ball. Beim Tennis wird der Ball mit einem Schläger über das Netz geschlagen. Beim Baseball benutzen die Spieler ein Schlagholz.

Fußball

Tennisball

American-Football

Baseball

Gesundbleiben

Wir alle wollen gesund sein und gesund bleiben.
Dann müssen wir aber auch für unseren Körper sorgen.
Dazu gehört: Sauberkeit, gesunde Ernährung,
viel Bewegung und genug Schlaf.

Sauberkeit
Mindestens einmal am Tag
sollte man sich am ganzen Körper waschen,
am besten am Abend.

Handtuch

Nagelbürste

Seife

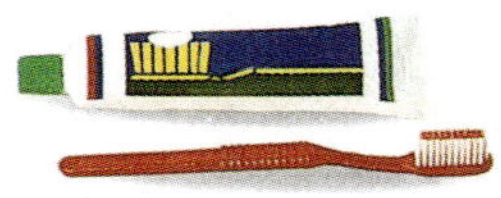

Zahnbürste
und Zahnpasta

Shampoo

Nägel
Unter den
Fingernägeln
sammelt sich
oft Dreck.
Wir sollten sie
regelmäßig
schneiden
und säubern.
Ein Trauerrand
an den Händen
ist häßlich.

Zähne
Im Alter von sechs oder sieben Jahren
fallen die Milchzähne aus,
neue Zähne wachsen nach.
Wir müssen sorgfältig
auf unsere Zähne
achten, indem
wir sie
regelmäßig
putzen
(morgens
und abends)
und nicht zu viel
Süßigkeiten essen.

Zahnarzt
Zum Zahnarzt sollte man
mindestens zweimal
im Jahr gehen.
Er untersucht die Zähne,
damit sie stark
und gesund bleiben.

Wenn ein Zahn einmal
ein Loch hat,
macht der
Zahnarzt
es wieder zu.

Haare
Haare sollten
sauber sein.
Durch Waschen,
Bürsten
und Kämmen
sorgen wir dafür,
daß sie nicht
verfilzen.

Ernährung
Es ist wichtig, jeden Tag genug zu trinken; Obst und Gemüse essen wir, um gesund zu bleiben.

Gymnastik
Gymnastik kann jeder treiben. Dadurch bleiben wir gelenkig, und unsere Muskeln werden kräftig.

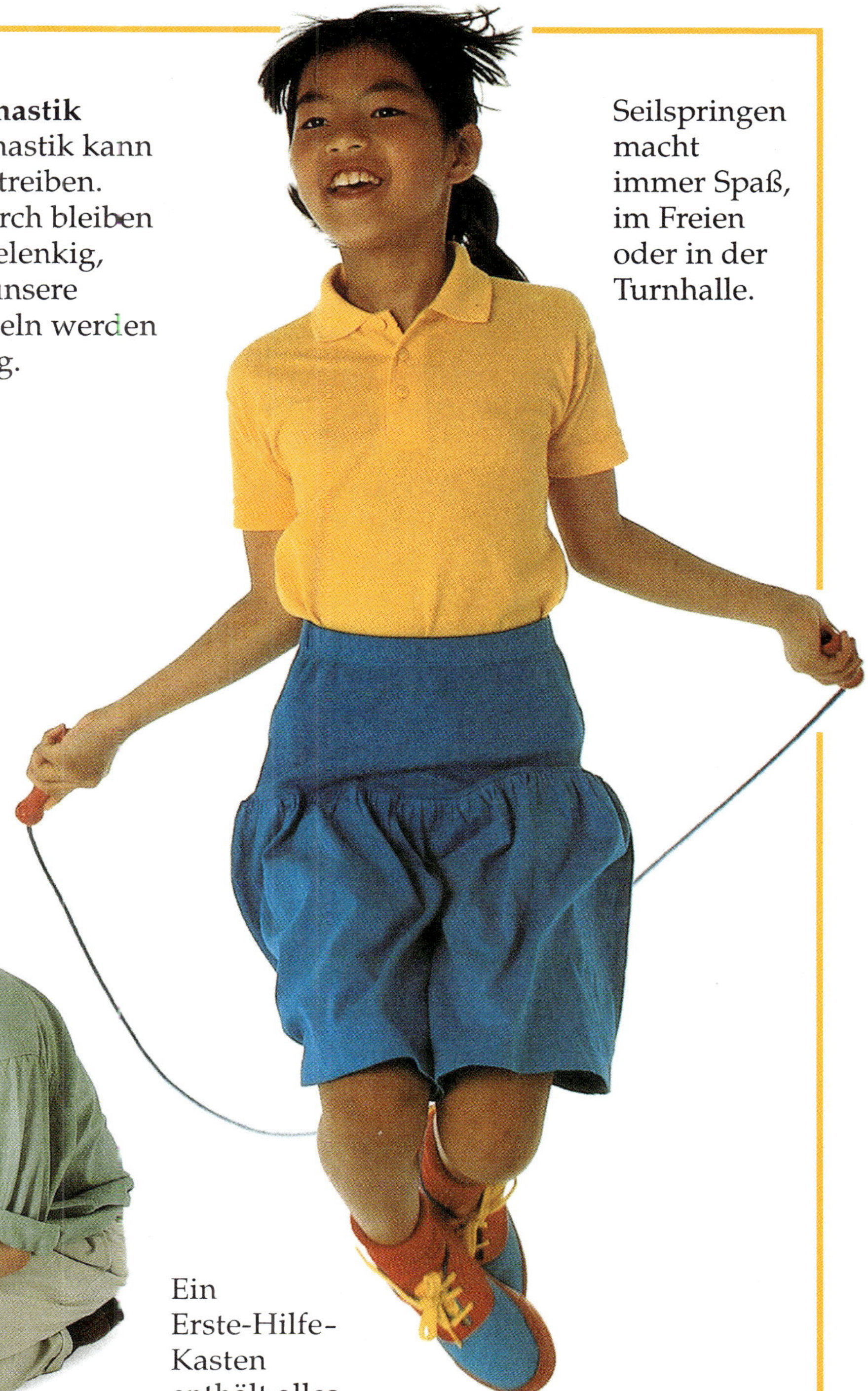

Seilspringen macht immer Spaß, im Freien oder in der Turnhalle.

Erste Hilfe
Wenn wir uns verletzt haben, müssen wir uns schnell helfen lassen. Eine offene Wunde muß gesäubert und mit einem Verband oder Pflaster vor Verunreinigungen geschützt werden.

Ein Erste-Hilfe-Kasten enthält alles, was man braucht, um Schnitte und andere Verletzungen zu behandeln.

Besuch beim Arzt

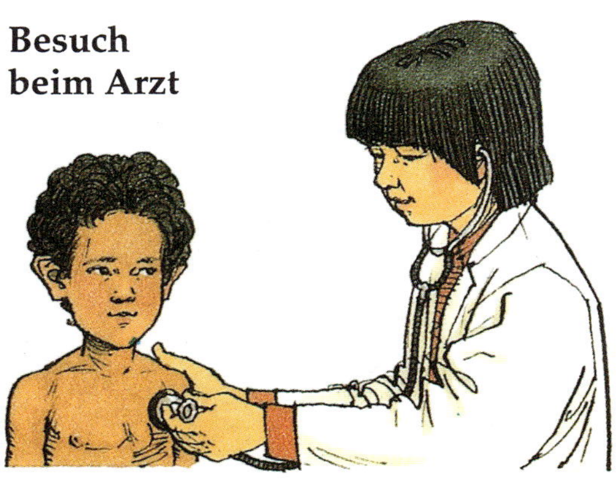

Untersuchung
Mit einem Stethoskop hört der Arzt, ob Herz und Lunge tadellos arbeiten.

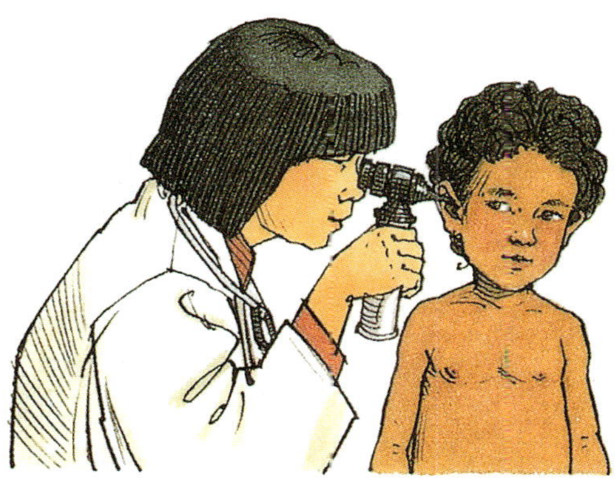

Der Arzt prüft Augen, Mund und Ohren, um festzustellen, ob dir irgendetwas fehlt.

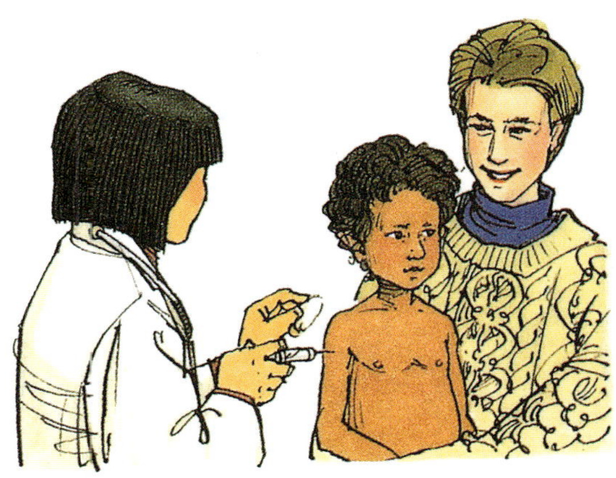

Spritzen
Ein Spritze kann Schmerzen vertreiben und dazu helfen, daß wir schneller wieder gesund werden.

Was wir essen

Wir Menschen
essen und trinken, damit wir wachsen,
stark werden und gesund bleiben.
Lebensmittel sind Samen oder Früchte
von Pflanzen oder das Fleisch von Tieren.
Wir essen sie roh (Äpfel),
gekocht (Kartoffeln) oder gebraten (Fleisch).

Verschiedene Teigwaren

Nudeln
Nudeln werden aus Mehl
und Eiern gemacht.
Es gibt sie in ganz
unterschiedlichen Formen.
Mit Soße schmecken sie
besonders gut.

Müsli
Zum Frühstück
eine Schüssel Müsli
mit Milch:
das bringt uns
in Schwung!

Brot
Brot ist ein wichtiges Nahrungsmittel.
Wenn wir Wurst oder Käse
zwischen zwei Brotscheiben legen,
bekommen wir ein leckeres Sandwich.

Reis
Für mehr als die Hälfte
aller Menschen
auf der Erde ist Reis
das wichtigste
Nahrungsmittel.
Die Chinesen essen
ihn nicht mit der Gabel,
sondern mit Stäbchen.

Brot backen

Der Teig
Zuerst mischen wir Mehl
mit Hefe und Wasser.
Daraus kneten wir
einen zähen Brei: den Teig.

Backen
Der Brotteig wird in eine Backform
gedrückt, die so geformt ist,
wie der Brotlaib später aussehen soll.
Dann wird die Form zum Backen
in den heißen Ofen geschoben.

Essen
Wenn das Brot fertig gebacken ist,
nimmt man den Laib aus dem Ofen
und läßt ihn abkühlen.
Jetzt kann man das Brot
aufschneiden und essen.

Eier
Eier essen wir am besten gebraten oder gekocht. Außerdem verwendet man Eier bei Pasteten, Kuchen oder Soßen.

Gekochtes Ei

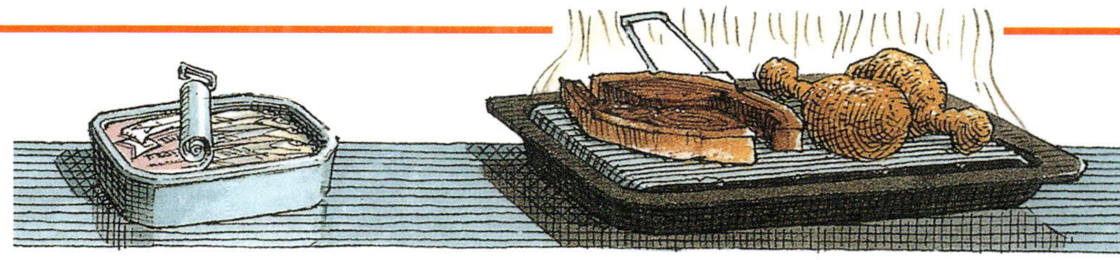

Ölsardinen

Lamm-Kotelett

Hähnchen

Fisch und Fleisch
Fisch und Fleisch enthalten Stoffe, die unser Körper braucht, um zu wachsen und gesund zu bleiben.
Sie heißen Proteine.
Manche Menschen lehnen es ab, Fleisch oder Fisch zu essen, man nennt sie Vegetarier.

Heiße Schokolade

Orangensaft

Gemüse
Gemüse sind Pflanzenteile wie Blätter oder Früchte. Wir essen sie roh als Salat oder gekocht.

Diese gebackene, heiße Kartoffel wurde mit geriebenem Käse gefüllt.

Frischer Kopfsalat, mit Tomaten und Gurken.

Trinken
Unser Körper braucht jeden Tag Flüssigkeit und meldet es: wir haben Durst. Dann trinken wir Tee, heiße Schokolade oder Saft von Früchten.

Süßigkeiten
Die meisten Kinder essen Süßigkeiten gern: Kaugummi, Kekse oder Kuchen. Aber zuviel Zucker ist ungesund.

Obst
Obst essen ist wichtig, weil es Vitamine enthält: diese Stoffe sorgen dafür, daß wir gesund bleiben.

Pflanzen zum Essen

Was wir essen, wird hier bei uns oder in anderen Ländern angepflanzt und geerntet. Manchmal arbeiten einzelne Bauern oder Gärtner auf dem Acker oder im Gewächshaus, manchmal sind es auch große Felder, wo man bei der Arbeit Maschinen benützt.

Sonnenblume
Eine Sonnenblume enthält Hunderte von Kernen. Mit dem Öl, das aus diesen Kernen gepreßt wird, kann man kochen.

Weizen

Hafer Roggen Gerste

Getreide
Getreide sind Gräser, die man pflanzt, um ihre Samen zu ernten. Diese Samen heißen Korn. Aus Korn macht man Mehl für Brot, Nudeln oder Kuchen.

Bevor der Bauer das Korn aussät, pflügt er sein Feld. Der Traktor zieht den Pflug.

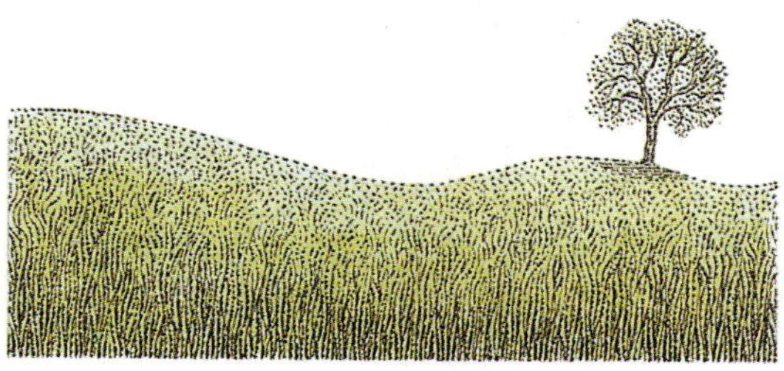

Aus dem Samenkorn wachsen schlanke Stengel, an deren Spitze in der Sonne neue Körner reif werden.

Hier schneidet der Mähdrescher das Getreide ab; er trennt das Korn, das man essen kann, vom Stroh, das man nicht essen kann.

Zuckerrohr
Zuckerrohr ist ein besonderes Gras, das bis zu 5 Meter hoch wird und in den warmen Ländern wächst. Die dicken Halme (Rohre) enthalten einen süßen Saft, aus dem man Zucker gewinnt.

Reis
Reis wird auf Feldern angebaut, die mit Wasser überflutet werden. Im Bergland graben die Reisbauern große Stufen (Terrassen) in die Hänge, auf denen sie Reisfelder anlegen.

Reisterrassen

Hülsenfrüchte
Bohnen und Erbsen sind Samen, die in den Samenhülsen einer Pflanze wachsen.
Dieses Gemüse kann man frisch, tiefgekühlt, getrocknet oder in Büchsen kaufen.

Bohne

Tomaten

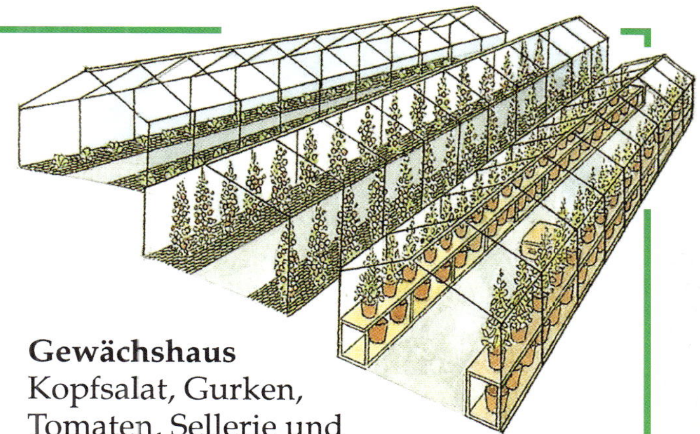

Gewächshaus
Kopfsalat, Gurken, Tomaten, Sellerie und andere Gemüse werden auch in Gewächshäusern angebaut, um sie vor Kälte und schlechtem Wetter zu schützen.

Wurzelgemüse
Von manchen Pflanzen kann man nur die Wurzeln essen: wie Rüben, Rettiche oder Karotten.
Sie heißen deshalb Wurzelgemüse.

Kohlkopf

Gemüse
Kohl, Blumenkohl oder Brokkoli werden auf Feldern angebaut.
Am besten gedeihen sie, wo es viel regnet.

Dattelpalme

Bananenpflanze

Apfelbaum

Rebstöcke

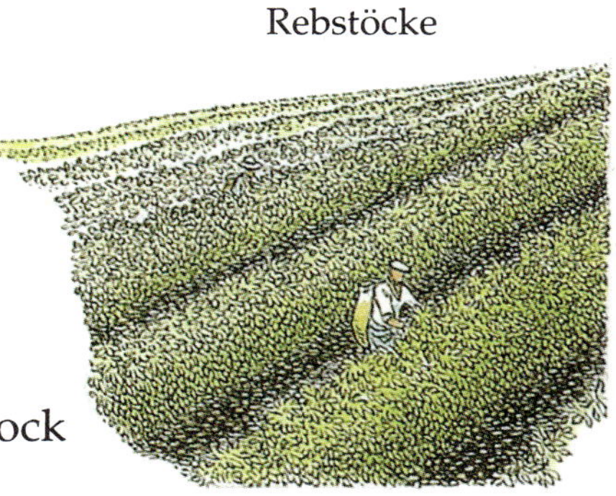

Tropische Früchte
Manche Früchte wachsen nur in Ländern, in denen es heiß ist.
Bananen wachsen in Stauden, Datteln auf Palmen.

Obst
Obst nennen wir Früchte und Samen, die man essen kann; dazu gehören Äpfel, Kirschen oder Orangen. Alle Obstsorten wachsen auf Bäumen.

Weinbau
Am Weinstock wachsen die Trauben, daraus wird süßer Traubensaft oder Wein hergestellt.

Einkaufen

Früher haben die Menschen
Dinge miteinander getauscht, die sie brauchten.
Heutzutage benützt man Geld,
um das zu kaufen, was man braucht.
Manche Geschäfte verkaufen nur
ganz bestimmte Sachen.
Im Supermarkt oder im Kaufhaus
bekommt man dagegen sehr viele verschiedene Waren.

Bäckerei
In der Bäckerei
kann man frisches Brot
oder auch Kuchen kaufen.

Im Supermarkt

Auswahl
Im Supermarkt gibt es
Tausende von Dingen zu kaufen.
Der Käufer sucht aus,
was er braucht,
und nimmt es selbst
aus dem Regal.

Spezialtheken
Oft gibt es auch Theken,
an denen man frisches Fleisch,
Fisch, Käse oder Brot
kaufen kann.

Kasse
Vor dem Ausgang ist die Kasse,
hier muß man die Waren
bezahlen.

Die meisten Lebensmittel
sind verpackt in Dosen, Tüten,
Schachteln oder Flaschen;
wir achten darauf,
überflüssige
Verpackungen
zu meiden.

Einkaufskorb
Vor dem Einkauf
überlegt man,
was daheim fehlt,
sonst kauft man zu viel
oder zu wenig.
Außerdem ist es wichtig,
auf die Preise zu achten,
sie ändern sich oft.

Viele haben ihr Geld
in einer Brieftasche
oder einer Geldbörse
bei sich.
Aber Vorsicht
vor Taschendieben!

Spielzeugladen
Im Spielzeugladen gibt es alle möglichen Arten von Spielzeug: Teddybären, Puzzles, Modellflugzeuge, Modellautos, Eisenbahnen, Federballschläger, Bälle, Springseile und vieles andere. Man muß Spiele aber nicht nur kaufen; man kann sie auch selbst machen oder ausdenken.

Buchhandlung
Lesen macht Spaß! Die Lieblingsbücher werden nie langweilig.

Schuhgeschäft
Im Schuhgeschäft gibt es Berge von Schuhen, Sandalen oder Stiefeln in allen möglichen Farben und Formen. Am wichtigsten aber ist, daß die Schuhe gut an die Füße passen.

Blumenladen
Im Blumenladen arbeitet der Florist oder die Floristin. Es ist gar nicht so einfach, einen schönen Blumenstrauß zusammenzustellen.

Kaufhaus
In einem Kaufhaus werden alle möglichen Dinge unseres täglichen Lebens angeboten: zum Essen, Anziehen, Wohnen, Spielen oder zum Vergnügen.

Sachen zum Anziehen

Tiere haben ein Fell; das paßt zu jedem Wetter.
Wir Menschen ziehen uns verschieden an,
damit wir uns jederzeit wohlfühlen,
wenn es draußen kalt oder heiß ist,
bei Tag oder bei Nacht,
zu Hause oder draußen zum Spielen.

Kellner
Musikkapelle
Manche Berufe erkennen wir an ihrer Kleidung: Kellner sind fast immer schwarz-weiß angezogen; Musikkapellen, aber auch Soldaten oder Polizisten ziehen alle das gleiche an: eine Uniform. Da wissen wir sofort Bescheid.

Im Winter
Bei kaltem Wetter ziehen wir uns warm an. Zwischen den verschiedenen Kleidungsstücken ist Luft. Sie hält die Kälte ab.

Wo es sehr kalt ist
Menschen in den kalten Ländern der Erde, etwa in Tibet, tragen dicke Kleidung aus Wolle, Filz oder Fell.

Wo es sehr heiß ist
In heißen Ländern wie Ägypten tragen die Menschen weite Gewänder aus weißer Baumwolle; sie hält schön kühl. Als Schutz vor der Sonne muß man dort immer den Kopf bedecken.

Im Sommer
Wenn es warm ist, ziehen wir uns leicht an. Sachen aus Baumwolle sind angenehm kühl auf der Haut.

Früher war die Kleidung fast immer ein Zeichen: ob jemand reich war oder arm, alt oder jung, oder welche Arbeit er machte. Heute muß bei uns die Kleidung vor allem zweckmäßig sein und zu den Menschen passen.

Sommerkleid

Sandalen

Sicher, sauber, trocken
Für bestimmte Gelegenheiten gibt es bestimmte Kleidungsstücke: Radfahrer sollten zum Schutz einen Helm aufsetzen (Motorradfahrer müssen es); eine Schürze schont die Kleidung beim Malen oder Kochen; der Regenmantel hält uns trocken.

Helm

Schürze

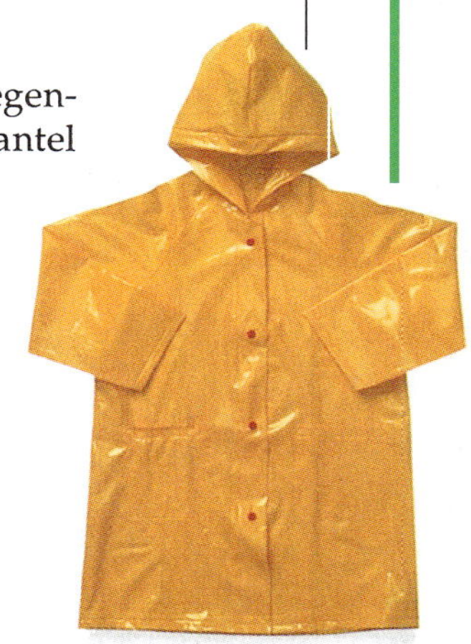

Regenmantel

Besondere Kleidung
Sari (links) heißt ein indisches Wickelgewand für Frauen. Es besteht aus einem einzigen Stück Stoff, das so kunstvoll um den Körper geschlungen wird, daß es ohne Knopf und Reißverschluß hält. Durch seine vielen Falten sieht es sehr luftig aus. Eine Yukata (rechts) tragen japanische Mädchen im Sommer zu festlichen Anlässen.

Berufe

Die meisten Menschen müssen arbeiten,
damit sie die Miete für die Wohnung,
ihr Essen und ihre Kleidung
bezahlen können.
Es gibt Tausende von
verschiedenen Berufen.
Die Menschen suchen eine Arbeit,
wo sie etwas machen,
was sie gut können
und was ihnen gefällt.

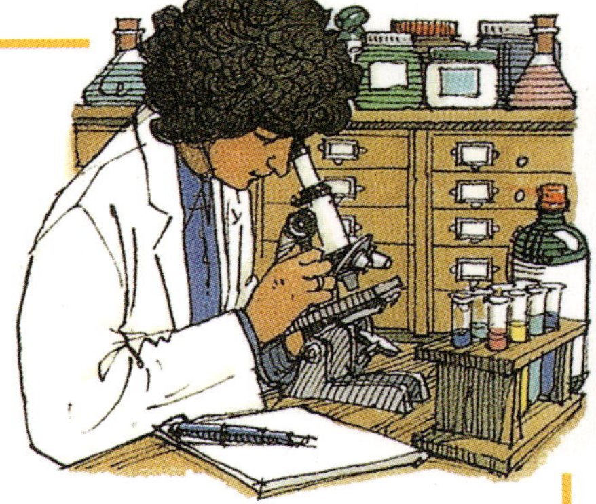

Wissenschaftler
Wissenschaftler wollen
die Welt, in der wir leben,
besser verstehen
und herausfinden,
wie alles abläuft.
Diese Wissenschaftlerin
arbeitet in einem Labor
mit einem Mikroskop.

Frisör
Frisöre pflegen die Haare
ihrer Kunden.
Sie haben gelernt,
wie man Haare wäscht,
schneidet, färbt
oder in Locken dreht.

Bibliothekar
Bibliothekare besorgen Bücher für Bibliotheken
und ordnen sie, damit man jedes Buch
leicht finden kann.

Der Bibliothekar stempelt die Bücher,
die wir zum Lesen ausleihen.
Das Datum sagt,
wann wir
sie wieder
zurückbringen
müssen.

In einer Autofabrik

Konstrukteur
Der Konstrukteur entwirft
die Autos von morgen
und macht genaue Zeichnungen
von jedem Teil.

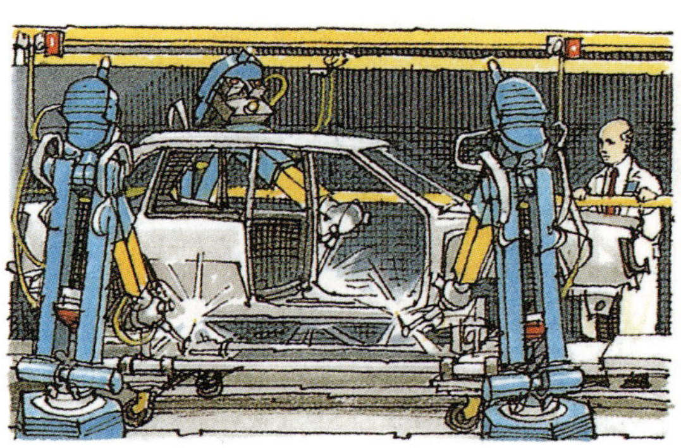

Maschinenführer
Der Maschinenführer überwacht
die Maschine, die Metallteile
des Autos schneidet
und zusammenschweißt.

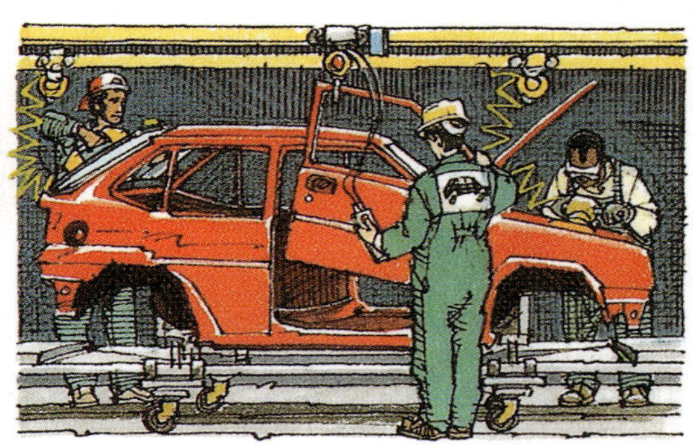

Montagearbeit
Viele Teile werden heute
von Automaten zusammengefügt,
bestimmte Aufgaben übernehmen
aber Arbeitsgruppen.

Feuerwehr
Wenn es brennt, müssen viele Feuerwehrleute zusammenarbeiten. Sie fahren mit großen Feuerwehrautos zur Brandstelle und pumpen Wasser und Schaum durch dicke Schläuche, um das Feuer zu löschen. Oft brauchen sie hohe Leitern.

Koch
Der Koch bereitet das Essen zu. In Hotels und Gaststätten trägt er oft eine besondere Mütze und Jacke.

Klempner
Der Klempner (auch Spengler oder Blechner genannt) kümmert sich um Leitungen für Wasser, Gas und Heizungen und alle Arbeiten, die damit zusammenhängen.

Musiker
Ein Musiker spielt auf einem Musikinstrument, hier auf einer Violine. In einem Orchester oder einer Band spielen viele zusammen; ein Musiker, der alleine spielt, heißt Solist.

Büro
Viele Menschen arbeiten in Büros. Oft benützen sie Computer, die ihnen die Arbeit erleichtern.

Vorarbeiter
Der Vorarbeiter achtet darauf, daß die Arbeit richtig abläuft.

Qualitätskontrolleur
Der Qualitätskontrolleur prüft das fertige Auto genau, ob es noch irgendwelche Fehler oder Mängel hat.

Fahrer
Der Fahrer bringt mit dem Autotransporter die neuen Autos zu den Verkaufsstellen.

In der Stadt

In den Städten leben und arbeiten viele Menschen.
Manche Städte sind klein, andere riesengroß.
Die Menschen arbeiten in Büros,
Geschäften und Fabriken,
sie wohnen mit vielen anderen in Häusern
mitten in der Stadt oder mit der Familie
in einem Häuschen weiter draußen.
In der Stadt ist immer etwas los:
im Theater, im Zoo, im Café oder im Sportstadion.

Fabrik
Fabriken sind meistens in den Vororten der Städte oder im Industriegebiet; dort haben sie mehr Platz und stören die Nachbarn weniger.

Rathaus
Eine Stadt muß gut geleitet werden. Die Einwohner wählen dafür ihren Bürgermeister (es kann eine Frau oder ein Mann sein); er arbeitet im Rathaus mit vielen anderen, damit alle Menschen in der Stadt gut leben können.

Schule
In der Stadt gibt es Schulen für alle Kinder. Jede Schule sieht anders aus. Diese hier hat Platz für Hunderte von Schülern.

Markt
Auf dem Markt werden alle möglichen Dinge verkauft und gekauft; auf dem Wochenmarkt gibt es vor allem Lebensmittel, auf dem Flohmarkt alte Sachen.

Café
Im Café kann man essen und trinken, Freunde treffen oder einfach nur zuschauen.

Kino
In einem Kino werden Filme gezeigt. Das Bild ist viel größer als im Fernsehen.

Innenstadt
Mitten in der Stadt kann man Cafés, Geschäfte, Kaufhäuser, Kinos, belebte Märkte oder ruhige Parks besuchen.

Gotteshäuser

Kirche
Die Christen kommen in der Kirche zum Gottesdienst zusammen.

Tempel
Die buddhistische Religion ist vor allem in Asien verbreitet. In Tempeln und Klöstern sammeln sich die Menschen zum Gebet.

Synagoge
Die Synagoge ist der Treffpunkt der Juden. Hier feiern sie auch Gottesdienst.

Moschee
Die Moschee ist das Gotteshaus der Mohammedaner. Sie beten dort fünfmal am Tag mit dem Gesicht zur heiligen Stadt Mekka.

Bürogebäude
Hinter den hohen Mauern und Glaswänden eines Bürohauses arbeiten viele Menschen; sie schreiben, telefonieren oder bedienen den Computer.

Baustelle
In der Stadt und auf dem Land wird immerzu gebaut. Bauarbeiter benützen besondere Maschinen und Fahrzeuge wie Mischmaschinen oder Bagger.

Parks In den Städten gibt es oft große Gärten mit Wegen, Wiesen, Bäumen und Brunnen. Wir nennen sie Parks. Hier sind auch Spielplätze für Kinder und Bänke zum Ausruhen für alle.

In einem Krankenhaus wird für Kranke und Verletzte gesorgt. Schwestern und Ärzte tun alles, um sie wieder gesund zu machen. Oft werden die Patienten mit einem Krankenwagen ins Krankenhaus gebracht.

Auf dem Land

Auf dem Land gibt es weite Felder, Berge,
Wälder mit Bäumen, Vögeln und anderen Wildtieren.
Bauern arbeiten auf dem Land;
Leute aus der Stadt machen hier gern Ferien.

Fledermaus
Fledermäuse leben gern
auf Türmen, in Mauerlöchern
und hohlen Bäumen.
Tagsüber schlafen sie mit dem
Kopf nach unten hängend.
Nachts spannen sie die Flughäute aus
und jagen Insekten und Mäuse.

Libelle
Libellen fliegen schneller
als alle anderen Insekten.
Sie leben am Wasser
von Flüssen und Seen
und jagen andere Insekten.

Camping
Auf dem Campingplatz
macht es Spaß,
im Zelt oder im Wohnwagen
zu hausen.

Viele Camper benützen
einen Schlafsack.

Frösche
Frösche können sowohl im Wasser
wie auch an Land leben:
sie sind Amphibien.
Sie fressen Würmer und Insekten,
die sie mit ihrer langen,
klebrigen Zunge fangen.

Im Teich leben sehr viele
verschiedene kleine Fische,
Insekten und Vögel.
Das Wasser im Teich bewegt
sich nur wenig.

Auf dem Land
Hier wohnen die Menschen
in kleinen Städten,
in Dörfern oder
auf Bauernhöfen.

Wandern
Es macht Spaß, aus dem Auto zu steigen
und ein Stück weit zu Fuß zu gehen.
Richtige Wanderer ziehen sich richtig an:
Mit Socken und Schuhen an den Füßen,
mit einem Wanderstock
und mit dem Essen im Rucksack.

Eule
Der Waldkautz
gehört zu den Eulen.
Er jagt nachts.
Er benützt Zehen
und Krallen
(Klauen),
um Mäuse
und Vögel
zu fangen.

Vögel beobachten
Dazu braucht man viel Geduld.
Aber es ist schön, Vögel zu beobachten,
wie sie Nester bauen, ihre Jungen füttern
und von Ast zu Ast fliegen.
Ein Fernglas ist dabei sehr nützlich.

Fuchs
Der Fuchs
hat scharfe Augen.
Die braucht
er auch,
denn er geht
vor allem
in der Nacht
auf die Jagd.

Kanusport
Kanus sind schlanke Boote.
Mit ihnen kann man allein oder mit anderen
über Flüsse und Seen paddeln und dabei
Tiere und Pflanzen in Ruhe beobachten.

Kaninchen
Wildkaninchen graben
unter der Erde viele
Höhlen und Gänge:
ihren Kaninchenbau.
Nachts kommen sie
heraus und fressen Gras
und andere Pflanzen.

Pflanzen

Auf der Erde gibt es unzählige verschiedene Pflanzen. Manche kann man essen, andere dienen bei Krankheiten als Heilmittel, und aus Pflanzen wie Baumwolle kann man Kleidung zum Anziehen herstellen. Eine Pflanze hat meist einen Stamm oder Stengel mit Blättern und Blüten und Wurzeln, die aus der Erde Nahrung saugen.

Wir ziehen Blumen

Pflanzen
Die Blumensamen legen wir in Vertiefungen im Blumenbeet, die anschließend mit Erde bedeckt und oft begossen werden.

Sprießen
Wenn die Sonne auf das Beet scheint, beginnen die Samen zu sprießen. Schößlinge erscheinen an der Oberfläche, ihre Wurzeln wachsen in den Boden.

Blühen
Bald werden aus den Schößlingen richtige Blätter. Die Blume wird größer, und auf einmal erscheinen Knospen. Die Knospen werden immer praller, bis sie sich eines Tages öffnen und die Blüten zum Vorschein kommen.

Blüten
Die meisten Pflanzen wie die Blumen haben Blüten an der Spitze ihrer Stengel. Aus manchen Blüten, zum Beispiel aus den Blüten des Apfelbaums, wachsen Früchte, die man essen kann.

Samen und Blumenzwiebeln
Wenn eine Blüte abstirbt, bleibt meist eine Samenkapsel übrig, die mit vielen kleinen Samen gefüllt ist. Die Samen fallen auf den Boden, daraus werden neue Pflanzen. Manche Blumen wie die Osterglocken wachsen nicht aus Samen, sondern aus Blumenzwiebeln. Aus manchen Blumenzwiebeln wachsen alle Jahre wieder neue Pflanzen.

Petersilie

Pfefferminz

Lavendel

Kräuter
Kräuter sind sehr nützliche Pflanzen.
Aus manchen gewinnt man natürliche Heilmittel,
andere werden zum Würzen
von Speisen verwendet.
Einige Kräuter preßt man aus,
um duftendes Öl zu gewinnen.

Topfpflanzen
In vielen Wohnungen
stehen Topfpflanzen.
Sie wachsen am besten
in sonnigen Räumen.

Beliebt sind Topfpflanzen
mit farbenfrohen
oder schön gemusterten
Blättern.

Manche Pflanzen gedeihen
gut in Blumenkästen
auf der Fensterbank
oder dem Balkon.
Hier haben sie Sonnenlicht
und Wärme.
Sie brauchen immer
genug Wasser.

Kletter-
pflanzen
wachsen
an Mauern
und
Wänden
empor.

Wildblumen
Wildblumen wachsen von allein.
Ihre Samen werden vom Wind
oder von Tieren fortgetragen.
Sobald ein Samen irgendwo
auf den Boden fällt,
kann aus ihm eine neue Pflanze
wachsen.

Garten
Wer einen Garten hat,
kann selbst Blumen pflanzen
und eigenes Gemüse ernten.
Kinder graben gern in der Erde,
pflücken Blumen oder reife Beeren
und dürfen vielleicht
sogar auf Bäume klettern.

Kleine Tiere

Große Tiere kennen wir gut.
Doch in Gärten, Wiesen, Bäumen und Sträuchern leben unzählige winzige Tiere:
von fliegenden Insekten wie Bienen und Fliegen bis hin zu den Spinnen, Käfern oder Ameisen.

Viele Spinnen weben zwischen die Äste von Bäumen oder Büschen feine, klebrige Netze. Dann warten sie, bis sich ein Insekt darin verfängt.

Spinnen
Spinnen haben acht Beine. Sie ernähren sich von kleinen Insekten wie Mücken, Fliegen oder Motten. Eine Spinne tötet ihr Opfer mit ihren Giftklauen.

Fliegen
Wie die meisten Insekten haben Fliegen sechs Beine, allerdings nur ein Flügelpaar. Fliegen können so schnell mit ihren Flügeln schlagen, daß sie scheinbar in der Luft stehen bleiben.

Schnecke
Eine Schnecke gleitet auf einem großen Fuß über den Boden und hinterläßt eine Schleimspur. Wenn Gefahr droht, versteckt sie sich in ihrem Haus, das sie immer auf dem Rücken mit sich führt. Die Augen einer Schnecke sitzen an den Enden ihrer Fühler.

Marienkäfer
Marienkäfer sind klein. Auf ihren leuchtend roten Flügeldeckeln sind sie schwarz getupft. Marienkäfer jagen ganz kleine Insekten.

Am Boden
Zu unseren Füßen leben viele winzige Tiere. Ameisen und Käfer krabbeln auf der Suche nach Futter emsig umher; Schnecken gleiten langsam durchs Gras, und Würmer bohren sich durch die Erde.

Regenwürmer lockern den Boden auf, so können Wasser und Luft auch unter die Oberfläche kommen.

Entwicklung eines Schmetterlings

Raupe
Das Weibchen des Schmetterlings legt die Eier auf Pflanzen ab. Aus den Eiern schlüpfen bald Raupen aus, die sich von Blättern ernähren.

Puppe
Wenn die Raupe groß geworden ist, wird ihre Haut hart, und sie verwandelt sich in eine Puppe.

Schmetterling
Nach ein paar Wochen platzt die Puppe auf, und zum Vorschein kommt ein Schmetterling. Wenn seine Flügel getrocknet sind, fliegt er davon.

Heuschrecke
Heuschrecken sind Insekten. Mit Hilfe ihrer starken Hinterbeine können sie sehr weit springen, und durch ihre grüne Farbe können sie sich im Gras gut verstecken.

Bienen
Honigbienen leben gemeinsam in großen Schwärmen, die man Völker nennt. Jedes Volk hat eine Königin, die die Eier legt. Die Arbeiterinnen sammeln Blütennektar und machen daraus den Honig .

Aus Wachs formen die Bienen Waben, in denen sie Honig lagern.

Wandelndes Blatt, ein Schmetterling

Tarnung
Manche Insekten passen sich ihrer Umgebung an und schützen sich so vor ihren Feinden. Manche Schmetterlinge sehen aus wie ein Blatt; man kann sie kaum erkennen, wenn sie in einem Baum oder Strauch sitzen. Die Stabheuschrecke sieht aus wie ein Stöckchen oder ein Pflanzenstengel.

Stabheuschrecken

Baum

Bäume sind große Pflanzen aus Holz
mit einem Stamm und meist mit einem Wipfel
aus Zweigen. Das ist die Baumkrone.
Sie sind die größten Lebewesen der Erde:
manche werden hundert Meter hoch,
und manche werden auch Hunderte von Jahren alt.

Baum
Die Bäume, deren Blätter
im Herbst bunt werden
und anschließend zu Boden fallen,
nennt man Laubbäume.
Bäume mit nadelspitzen
schmalen Blättern,
die das ganze Jahr über
grün bleiben,
heißen Nadelbäume.

Laubbaum

Nadelbaum

Blätter
Es gibt verschiedene Blätter.
Dünne, biegsame Blätter heißen Nadeln.
Breite Blätter wachsen an Laubbäumen,
einzeln oder aber in Gruppen
mit vielen Blättern an einem Stengel.

Kiefernnadel

Einfaches Blatt

Gegliedertes Blatt

Haselnuß

Pfirsich

Eichel

Früchte
Auf allen Bäumen wachsen Früchte,
nur sehen sie oft sehr verschieden aus.
Die Frucht fällt vom Baum und wird vom Wind
oder von Tieren weggetragen.
In den Früchten sind Samen oder Kerne.
Im Boden können aus ihnen wieder
neue Bäume wachsen.

Baumstamm
Jedes Jahr wächst am Baum eine neue Holzschicht.
So entstehen am Baumstamm die Jahresringe.
Wenn man sie zählt, weiß man, wie alt der Baum war.

Kiefernzapfen

Holzfäller
Manche Bäume werden angepflanzt, damit man später ihr Holz verwenden kann. Wenn die Bäume groß genug sind, sägt man sie ab: sie werden gefällt. Im Sägewerk werden die Stämme zersägt.

Ein Transporter bringt die Stämme zum Sägewerk.

Ein Baum als Haus
Bäume sind das Zuhause vieler Tiere.
Vögel nisten und brüten in den Ästen, Eichhörnchen laufen am Stamm auf und ab und bauen Nester aus Blättern.
Insekten schwirren in den Baumwipfeln oder krabbeln über die Wurzeln, sie suchen Nahrung.

Stuhl

Aus Holz gemacht
Viele Dinge unseres täglichen Lebens macht man aus Holz. Mit Brettern kann man Häuser bauen oder Möbel: Stühle, Tische, Schränke.
Aus Holzsplittern und anderem Material macht man Papier. Aus Papier werden Bücher gemacht.
Wenn man Altpapier sammelt, kann daraus wieder neues Papier gemacht werden: dann muß man weniger Bäume fällen, und das ist wichtig.

Bretter

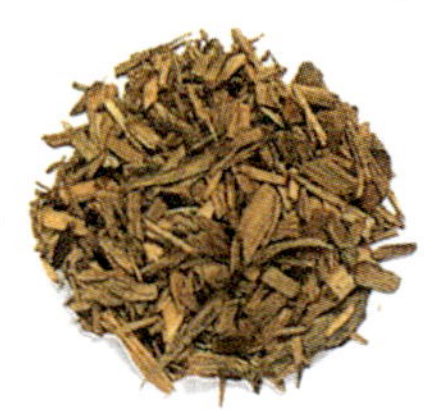

Holzsplitter

Buch

Die Rinde ist die Haut des Baumes. Sie schützt ihn vor Insekten und vor Krankheiten.

Wälder
Bäume sind sehr wichtig, denn sie erzeugen Sauerstoff.
Und Sauerstoff brauchen alle Menschen, Tiere, Pflanzen.
Viele Bäume zusammen bilden einen Wald.

Vögel

Alle Vögel haben Flügel, aber nicht alle können auch fliegen. Manche Vögel leben in großen Scharen zusammen, andere leben allein. Vögel sind die einzigen Tiere mit Federn.

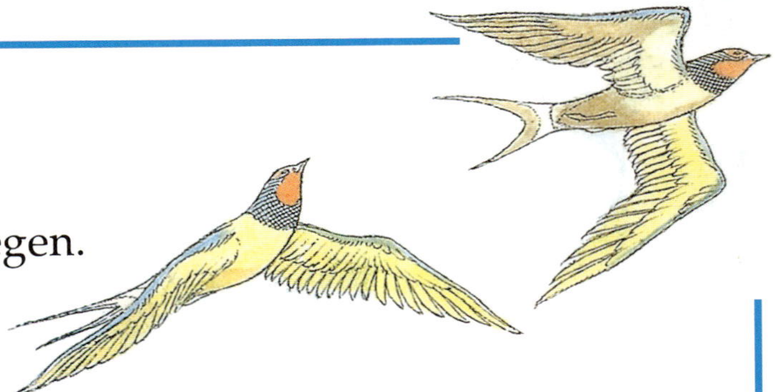

Brüten
Die Vogelweibchen legen ihre Eier meist in Nester, hoch oben in den Bäumen. Männchen und Weibchen halten die Eier warm: sie brüten.

Ausschlüpfen
Wenn die kleinen Vögel aus den Eiern schlüpfen, sind ihre Augen noch geschlossen. Viele Vogelkinder haben noch keine Federn.

Aufwachsen
Vogelvater und Vogelmutter fliegen unermüdlich hin und her, um ihren Kindern Futter zu bringen. Wenn die Federn der Jungen lang und stark genug sind, können sie selber fliegen und sich Nahrung besorgen.

Schwanzfeder

Fliegen
Die Körper der meisten Vögel sind zum Fliegen gut geeignet. Ihre Knochen sind hohl und dadurch sehr leicht, aber sie sind auch sehr stark. Vögel fliegen, indem sie mit den Flügeln schlagen oder einfach auf Luftströmungen segeln. Manche Vögel wie die Kolibris können so schnell mit den Flügeln schlagen, daß sie in der Luft stehen.

Feder
Ein Vogel hat verschiedene Arten von Federn. Schwanz- und Flügelfedern nutzt er beim Fliegen. Bei manchen Vögeln sind die äußeren Federn wie Gras oder Blätter gefärbt, damit sie sich leicht verstecken können und nicht auffallen; andere Vögel sind dagegen grell bunt, weil sie den Weibchen gefallen wollen. Die weichen Daunenfedern wachsen nah am Körper des Vogels und halten ihn warm.

Körperfeder

Daunenfeder

Kiwi
Der Kiwi kann nicht fliegen, weil seine Flügel zu klein sind. Er lebt und nistet am Boden. Der Kiwi jagt in der Nacht. Mit den Nasenlöchern am Ende seines Schnabels findet er sein Futter auch im Dunkeln.

Füttern
Wildvögel leben von Beeren,
Insekten und Samen.
Manche Leute füttern die Vögel
mit Körnern, Brot und Nüssen,
vor allem im Winter.

Papagei
Bunt gefärbte Papageien
leben im tropischen Regenwald.
Mit ihren starken,
gebogenen Schnäbeln
öffnen sie große Samenkapseln
und Nüsse,
um an das eßbare Innere
heranzukommen.

Falke
Ein Falke ist ein Greifvogel.
Mit seinem scharfen Schnabel
und seinen Klauen
fängt er kleinere Tiere
und frißt sie.

Pelikan
Pelikane leben am Flußufer
oder auf Sandbänken
und ernähren sich von Fischen.
Der Schnabel des Pelikans
hat einen dehnbaren Sack,
den er wie ein Netz
zum Fischen verwendet.

Flamingos
Flamingos leben
in großen Schwärmen an Seen
oder in Sumpfgebieten zusammen.
Mit ihren langen Beinen
waten sie durchs
Wasser.

Ente
Enten leben an Teichen und Flüssen.
Zwischen ihren Zehen
haben sie Schwimmhäute.
Damit können sie gut paddeln.
Die Ente taucht ihren
Schnabel ins Wasser
und sammelt damit
Insekten,
Würmer
und
Pflanzen.

Tiere auf dem Bauernhof

Auf einem Bauernhof
gibt es viele verschiedene Tiere.
Der Bauer muß sich um sie kümmern und dafür sorgen,
daß sie genug zu fressen bekommen
und gesund bleiben.
Durch die Tiere erhalten wir Fleisch,
Milch, Eier, Felle und Wolle.

Schäferhund
Der Schäferhund
hilft dem Schäfer,
die Herde
auf der Weide
zusammenzuhalten
oder weiterzutreiben.
Die Rufe und Pfiffe
seines Herrn
versteht er genau.

Schafe
Meistens leben Schafe
in Herden zusammen.
Sie fressen Gras
von Wiesen und Weiden.
Ein weibliches Schaf
heißt Mutterschaf.

Ein junges Schaf
heißt Lamm.

Schafe scheren

Wenn es kalt wird,
wächst den Schafen ein dichtes,
wolliges Fell.
Man nennt es auch Vlies.

Im Frühling treiben die Schäfer
mit ihren Hunden
die Herden zusammen,
um die Tiere zu scheren.

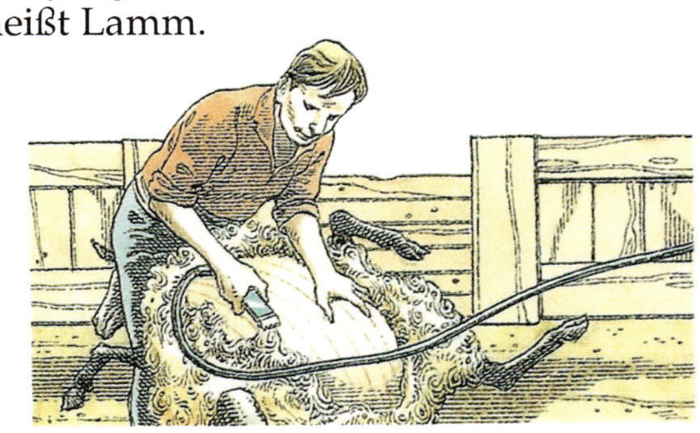

Das Schaffell wird abgeschnitten
und zu Wolle verarbeitet,
aus der man dann
Kleider machen kann.

Ziege
Ziegen sind gute Kletterer und können sogar
an steilen Berghängen leben.
Der Bauer melkt seine Geißen
und macht Käse
aus ihrer Milch.

Eine
weibliche
Ziege
heißt Geiß.

Eine
junge
Ziege
ist ein
Zicklein.

Kleine Schweine heißen Ferkel.

Schwein
Schweine werden in einem Stall gehalten.
Sie sind Allesfresser.
Das weibliche Tier heißt Sau, das männliche Eber.
Ein Mutterschwein kann
bis zu vierzehn Ferkel bekommen.

Hühner
Weibliche Hühner heißen Hennen. Eine Henne legt fast jeden Tag ein Ei. Der Bauer verkauft die frischen Eier.

Das männliche Huhn nennt man Hahn. Am Morgen, wenn der Tag anbricht, kann man ihn auf dem Land krähen hören.

Ein junges Huhn heißt Küken.

Rinder
In Amerika werden Rinder auf riesigen Weiden gehalten So eine Weide nennt man Ranch. Hirten auf Pferden hüten die Herden; sie heißen Cowboys. Von Rindern wird das Fleisch und die Haut verwendet.

Bullen und Ochsen sind männliche Rinder.

Kuh
Milchkühe leben in großen Herden zusammen und sind den ganzen Tag auf der Weide, um Gras zu fressen. Im Euter sammelt sich Milch; diese wird zweimal am Tag mit Hand oder mit der Maschine gemolken. Eine Kuh kann täglich bis zu 14 Liter Milch geben.

Ein Kalb ist eine junge Kuh oder ein junger Bulle.

Milchprodukte

Milch Butter Yoghurt Käse

An der Küste

An der Küste treffen Land und Meer aufeinander.
Es gibt Steilküsten mit felsigen Klippen,
aber auch lange flache Strände mit weichem Sand
oder mit Kieselsteinen. Kiesel sind kleine Steine,
die das Wasser rund geschliffen hat.
Wir finden sie auch in Flüssen und Seen.

Seesterne
Seesterne haben
fünf Arme.
Mit Hilfe
der Saugnäpfe
an ihren Armen
können sie sich unter Wasser
an Felsen festhalten.

Strandschnecke

Turmschnecke

Kreiselschnecke

Am Strand kann man oft
ganz verschiedene Muschelschalen finden.
Es sind die Gehäuse von Meerestieren,
die früher darin lebten.

Kegelschnecke

Pilgermuschel

Wellhornschnecke

Ebbe und Flut
Bei Flut kann dich
das Wasser vom Ufer
abschneiden.
An der Meeresküste
steigt und fällt
das Wasser
zweimal am Tag:
wir nennen das
Ebbe und Flut.

Spiel und Spaß am Strand
Am Strand ist immer etwas los: wir können laufen,
graben, Burgen bauen, plantschen, schwimmen,
Muscheln sammeln . . . und noch vieles mehr!

Algen
Algen sind Pflanzen,
die im Meer wachsen.
Es gibt sie in ganz
verschiedenen Formen
und Farben.

Die Wohnung zum Mitnehmen

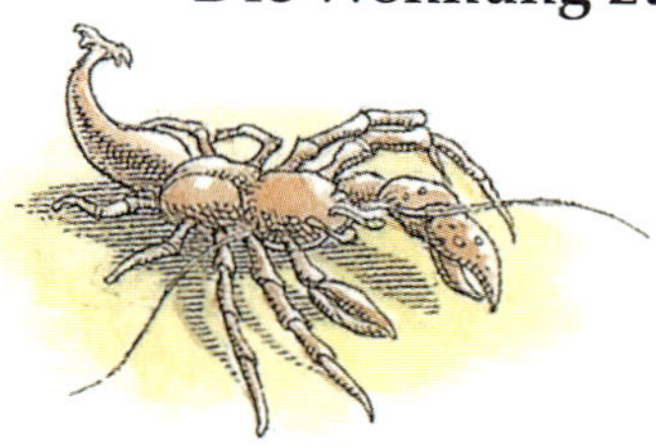

Der Einsiedlerkrebs hat keinen Panzer wie andere Krebse. Er muß seinen empfindlichen Körper anders schützen.

Er sucht eine leere Muschelschale. Darin ist er sicher.

Wenn er das passende Gehäuse gefunden hat, schlüpft er hinein und nimmt es überallhin mit.

Möwen
Möwen nisten in großen Gruppen, die man auch Kolonien nennt. Sie fangen Fische und Krabben. Oft sieht man Möwen bei Fischerbooten: sie warten auf Reste, die Fischer über Bord werfen.

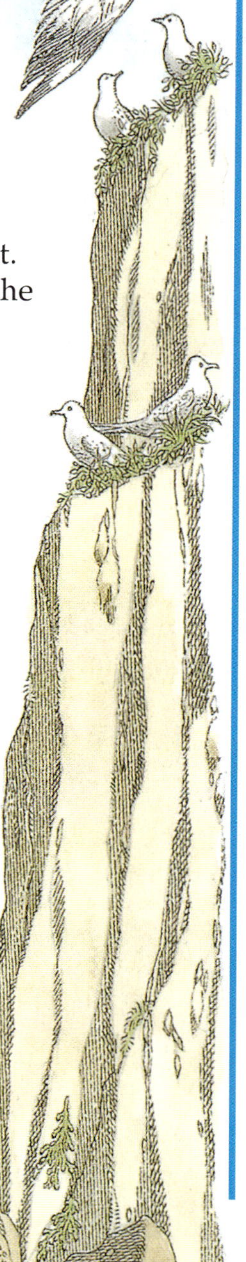

Klippen
Steile, felsige Klippen sind dort entstanden, wo die starke Brandung allmählich die Felswände abgetragen hat.

Krabben
Mit ihren Scheren fängt eine Krabbe kleine Meerestiere.

Die zwei Vorderbeine enden in starken Zangen: den Scheren.

Die Krabbe besitzt einen starken Panzer, um ihren empfindlichen Körper zu schützen.

Krabben haben zehn Beine. Acht benutzen sie zum Schwimmen, oder sie krabbeln damit seitwärts über den Strand.

Tümpel
Wenn bei Ebbe das Wasser zurückgeht, bilden sich viele kleine Tümpel in den Vertiefungen. Hier können wir viele kleine Tiere beobachten.

Seeanemonen sind gallertartige Tiere, die mit Hilfe von Fangarmen ihr Futter einfangen.

Jungfische

Miesmuschel

Im Meer

Die Welt unter Wasser ist voll von ungewöhnlichen, wunderschönen Tieren und Pflanzen. Delphine schwimmen an der Wasseroberfläche, manchmal springen sie sogar hoch, andere Tiere wie Krabben laufen über den Meeresgrund.

Delphin
Delphine schwimmen wie Fische, sind aber Säugetiere. Sie leben im Wasser und tauchen oft, sie müssen aber immer wieder an die Oberfläche auftauchen, um Luft zu holen.

Der Hai kann unter Wasser Futter riechen.

Hai
Die meisten Haie haben große, mit mehreren Reihen messerscharfer Zähne besetzte Kiefer. Sie fressen Fische und andere Meerestiere.

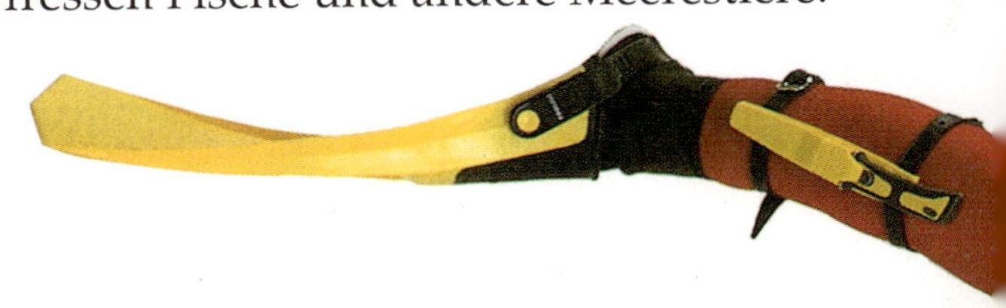

Seepferdchen
Das Seepferdchen ist ein winziger Fisch. Es schwimmt aufrecht, dabei benützt es seine kleinen Flossen wie Paddel. Mit seinem Schwanz hält es sich an Seegras fest und saugt mit seinem röhrenförmigen Maul Futter aus dem Meer.

Tintenfisch
Ein Tintenfisch hat acht lange Arme, an denen viele kleine Saugnäpfe sitzen. Damit kann er sich fortbewegen und Beutetiere festhalten, er kann damit aber auch gut tasten und fühlen.

Garnele
Die Garnele hat eine harte Schale, die ihren weichen und empfindlichen Körper bedeckt und schützt. Sie lebt am Meeresgrund. Als Versteck vor Feinden gräbt sie sich ein Loch in den Sand.

Plankton
Plankton nennen wir winzige Meerestiere und Pflanzen. Man kann sie nur mit einem starken Vergrößerungsglas sehen. Sehr viele große und kleine Meerestiere leben von Plankton.

Die Bilder zeigen Plankton viel größer als in Wirklichkeit.

Fangboot
Fischer benutzen Schleppnetze, um möglichst viele Fische auf einmal zu fangen. Aber wenn zu viel gefischt wird, ist das Meer eines Tages leer.

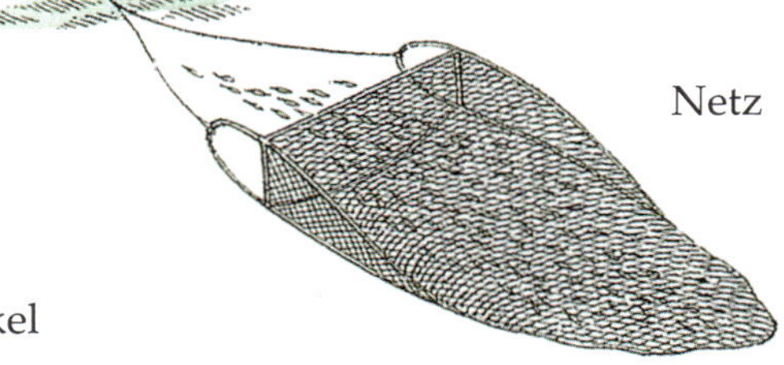

Taucher
Sporttaucher sind gern eine Zeitlang unter Wasser. Sie tragen wasserdichte Anzüge, die sie vor der Kälte schützen. Mit Hilfe von Preßluft in Flaschen können sie atmen, mit Hilfe von Taucherbrillen können sie sehen.

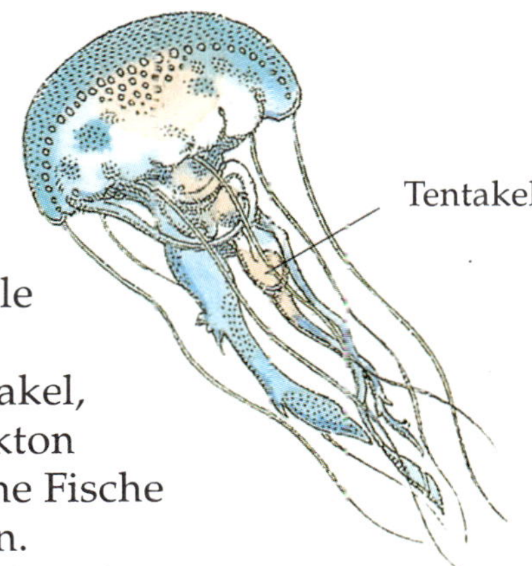

Qualle
Die Qualle benutzt ihre Tentakel, um Plankton und kleine Fische zu fangen. Ihr Maul ist mitten in ihrem weichen Körper.

Tropischer Fisch
Dieser Fisch lebt im warmen, seichten Wasser eines tropischen Korallenriffs, zusammen mit vielen anderen in großen Schwärmen.

Ein untergegangenes Schiff — ein Wrack — ist ein interessantes Ziel für einen Tauchgang. Die Taucher suchen oft nach wertvollen Dingen, die mit dem Schiff untergegangen sind; oder sie versuchen herauszufinden, wie das Schiff früher einmal ausgesehen hat.

Korallenriff
Ein Korallenriff entsteht in vielen, vielen Jahren aus den Skeletten unzähliger winziger Korallentiere. Hier finden viele verschiedene Tiere ein Zuhause.

Wetter, Wolken, Jahreszeiten

Wir sagen Frühling, Sommer, Herbst und Winter.
Das sind die vier Jahreszeiten.
In jeder Jahreszeit ist das Wetter anders.

Ein Regenbogen entsteht, wenn es regnet und gleichzeitig die Sonne scheint.

Mit einem Regenschirm und Gummistiefeln bleibt man schön trocken, wenn es regnet.

Frühling
Der Frühling erweckt die Natur nach dem langen, kalten Winter wieder zum Leben. Die Tage werden länger, und das Wetter wird wärmer. Die Bäume beginnen zu blühen, viele Vögel kehren aus fernen Ländern zurück, wo sie im Winter in der Wärme waren.

Sonne
Die Sonne gibt uns Licht und Wärme. Ihre Energie läßt Bäume und andere Pflanzen wachsen. Aber zu viel Sonne kann auch schaden. Man muß sich richtig anziehen und vor allem nicht lang in der Sonne liegen.

Vorsicht: niemals in die Sonne schauen, weil ihr Licht so hell ist, daß es die Augen verletzen kann.

Regen
Die Wolken am Himmel bestehen aus vielen winzigen Wassertropfen. Wenn sie groß und schwer sind, fallen sie herunter: es regnet. Im Frühling gibt es oft Regenschauer.

Sommer
Im Sommer ist es am wärmsten. Die Bäume tragen Blätter, die Blumen blühen. Wir alle sind gern im Freien und genießen die langen sonnigen Tage.

Gewitter
Dunkle Wolken türmen sich auf. Der Donner kommt immer näher, Blitze zucken über den Himmel.

Im Herbst fliegen viele Vögel in wärmere Länder: die Zugvögel.

Beim Gewitter weht oft stürmischer Wind.

Herbst
Im Herbst wird die Luft kälter, der Tag kürzer. Das Laub fällt von den Bäumen. Bei manchen Tieren wächst ein Winterfell: das hält sie warm, wenn es stürmt und schneit.

Laub
Das Laub mancher Bäume ändert seine Farbe je nach Jahreszeit. Im Frühling ist es blaßgrün. Im Sommer wird es dann strahlend grün und im Herbst zuerst orange, dann braun; und schließlich fällt es vom Baum.

Schnee
Wenn es sehr kalt wird, gefrieren die winzigen Wassertröpfchen in den Wolken und fallen als Schneeflocken zur Erde. Eine Schneedecke bedeckt dann den Boden.

Winter
Der Winter ist die kälteste Jahreszeit. Die meisten Bäume sind kahl, viele Pflanzen hören auf zu wachsen. In den Wohnungen ist es wohlig warm, wir ziehen dicke Sachen an, wenn wir nach draußen gehen.

Die Welt, in der wir leben

Unsere Erde besteht aus Land und aus Meer.
Das Land ist aufgeteilt in sieben große Gebiete:
die Kontinente.
Der Äquator ist eine gedachte Linie
um die Mitte der Erde herum.
Die Gebiete am Äquator haben meistens
das ganze Jahr über sehr warmes Wetter.
Weit entfernt vom Äquator liegen die Polargebiete;
dort herrscht das ganze Jahr über eiskaltes Wetter.

Wüste
Die Wüsten sind die heißesten
und trockensten Gebiete der Erde.
Sie bedecken ein Fünftel der Erde.
Hier ist es tagsüber brüllend heiß
und in den Nächten bitter kalt.

Globus und Landkarte
Ein Globus ist ein kleines Modell
der Erde. Er zeigt die Erde als Kugel
mit allen Kontinenten und Ozeanen.
Landkarten zeigen ein flaches Bild
der runden Erde,
und doch die gleichen Dinge
wie auf dem Globus.

Weltkarte
Diese Karte zeigt die Kontinente
und Ozeane unserer Erde.

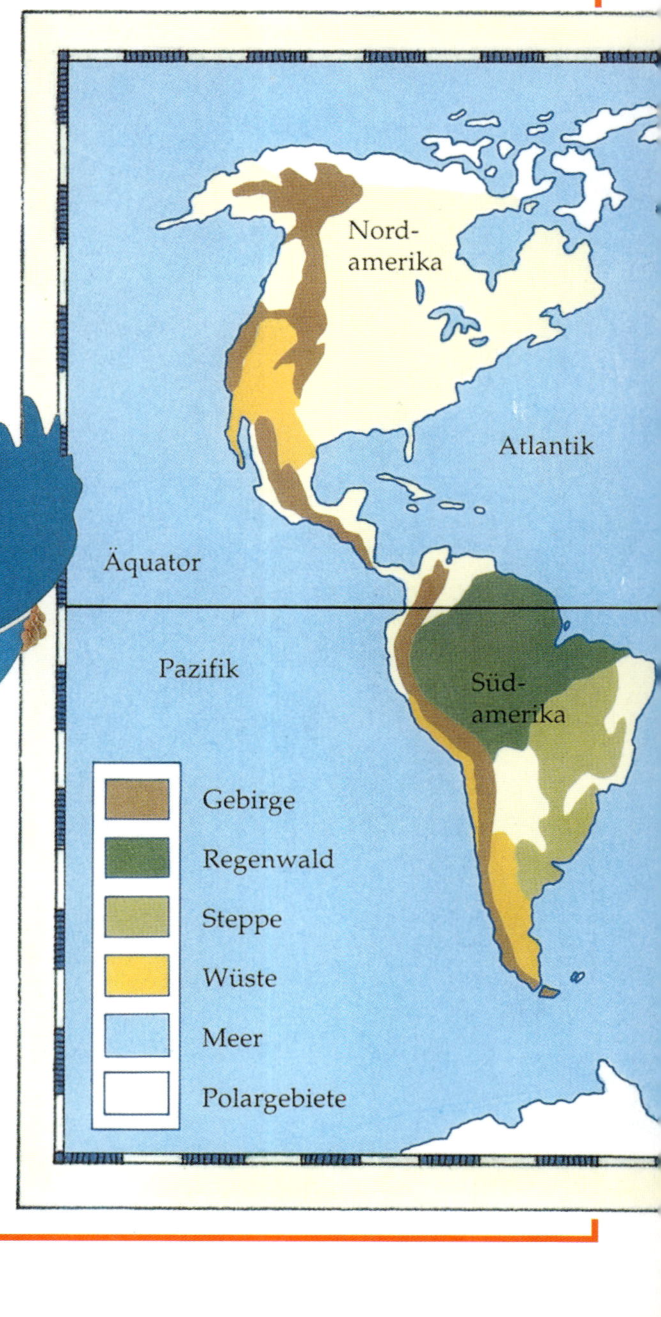

Meer
Drei Viertel der Erde
sind mit Wasser bedeckt, dem Meer.
Das Meer teilt sich in verschiedene Ozeane.
Der Pazifische Ozean ist der größte
und tiefste von allen.
Die Ozeane sind miteinander verbunden,
so daß man mit dem Schiff
um die ganze Welt fahren kann
und nie an Land gehen muß.

Steppe
Steppen sind offene, trockene Gebiete, oft zwischen Wüsten und Wäldern. Das größte Steppengebiet erstreckt sich von Europa bis nach Asien.

Gebirge
Berge mit Wäldern und kahlen Felsen steigen empor: die Gebirge. Aber auch unter Wasser gibt es Berge und Täler. Der größte Berg der Welt ist der Mount Everest.

Regenwald
Regenwälder wachsen in den heißen und feuchten Gebieten der Erde. Hier gibt es eine Fülle von Tieren und Pflanzen. Aber jeden Tag wird ein Stück Regenwald abgeholzt.

Kalte Länder
Nord- und Südpol sind die kältesten Gebiete der Erde. Der Südpol ist ein Kontinent: die Antarktis; das Gebiet rund um den Nordpol ist dagegen nur eine riesige schwimmende Eisscholle.

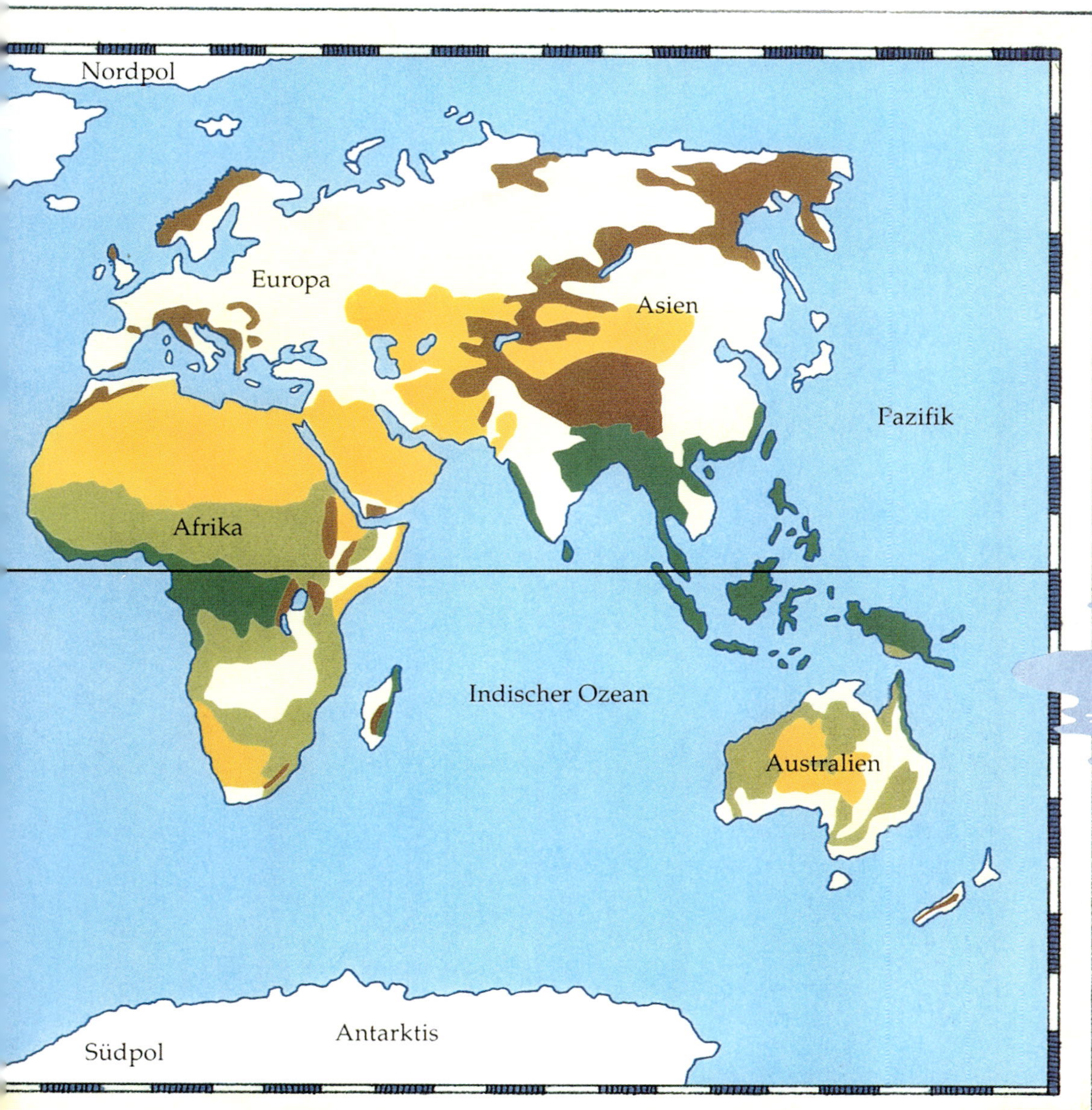

Kinder in unserer Welt

Niemand weiß genau, wieviele Kinder auf der Erde leben. In jeder Minute kommen ungefähr 150 Kinder zur Welt, in einer Stunde 9000, an einem einzigen Tag mehr als 200 000 Kinder: man kann es sich kaum vorstellen. Aber in jeder Minute, in jeder Stunde, an jedem Tag sterben auch viele Kinder: weil sie nicht genug zu essen haben, weil sie krank werden oder weil dort, wo sie leben, Krieg ist.

Trafalgar Square, ein großer Platz in London.

Robert und Anna
Robert lebt in England, Anna in Italien. Hier wie in den meisten Ländern von Europa geht es den Kindern heute gut.

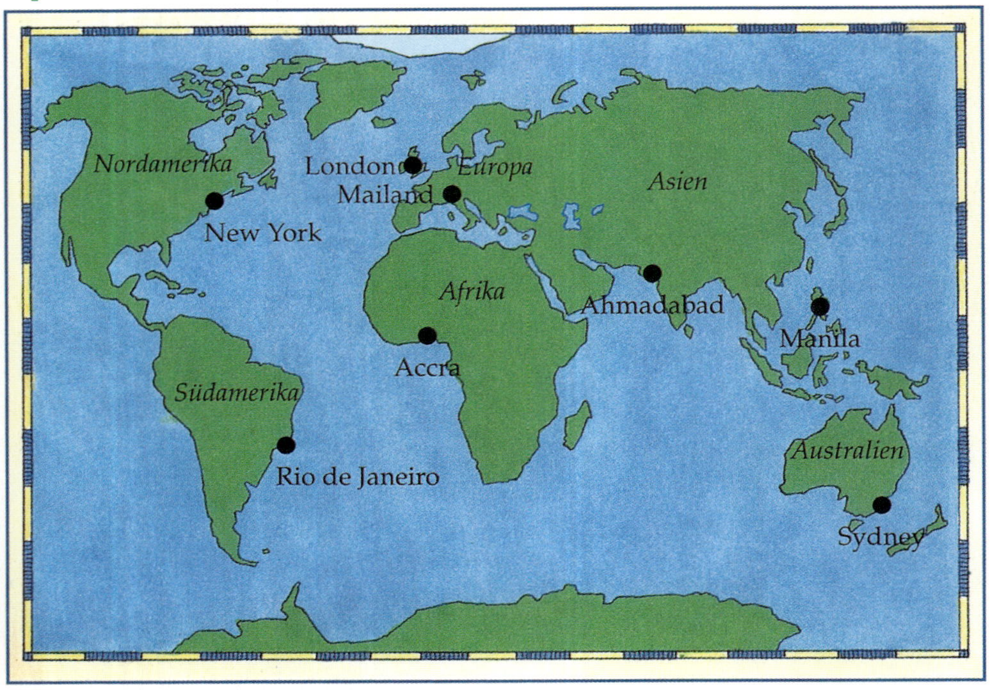

John und Emma
Die beiden leben in New York, einer berühmten Stadt in den Vereinigten Staaten von Nordamerika. Hier wohnen und arbeiten viele, viele Menschen nahe beieinander, viele sehr reiche, aber auch viele sehr arme.

Adriana aus Südamerika
Sie lebt in Südamerika, und zwar in Rio de Janeiro. Ihr geht es gut, sie darf auch Tennisspielen lernen. Andere Kinder in Rio wühlen im Abfall, weil sie Hunger haben.

Der „Zuckerhut“, ein hoher Berg bei Rio de Janeiro.

Hiral
Er lebt in der Stadt Ahmadabad
in Indien.
Er hat Glück: in der Schule lernt er
mit seinen Freunden Kricket spielen.
Andere Kinder in Indien
sind glücklich, wenn sie beim Betteln
etwas geschenkt bekommen,
damit sie nicht verhungern.

Rizal Park in Manila.

Gemma
Sie lebt in Manila
auf den Philippinen.
Zur Schule geht sie gern,
Sport hat sie am liebsten.

Der Unabhängigkeits-
bogen in Accra,
der Hauptstadt
von Ghana.

Opernhaus
und Hafenbrücke
in Sydney,
Australien.

Adjoa aus Afrika
Adjoa lebt in Ghana,
mitten in Afrika,
und freut sich,
daß sie heute zur
Schule gehen darf.
In anderen Ländern
von Afrika sterben
viele Menschen
im Krieg
oder an Hunger;
auch Kinder.

Dan und Laura
Sie leben
in Australien.
Dort geht es
den Kindern
und den meisten
Menschen gut,
denn das Land
ist reich.

In der Wüste

In der Wüste ist es heiß und trocken.
Es regnet fast nie.
Hier können nur Tiere
und Pflanzen überleben,
die ganz wenig Wasser brauchen.

In manchen Wüsten gibt es Öl, tief unter der Erde.
In Bohrtürmen wird es hochgepumpt.

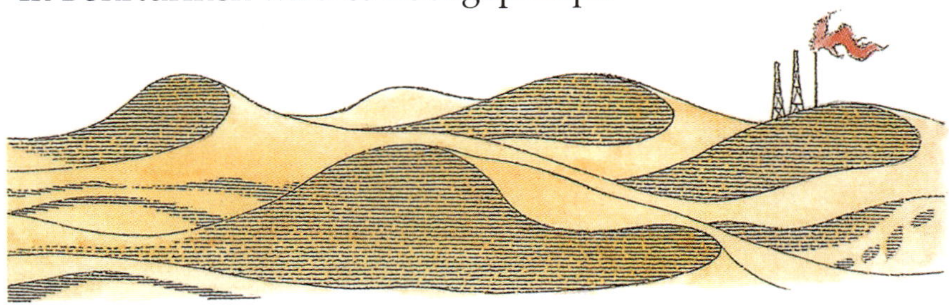

Sand-Düne

Oasen sind die seltenen Plätze
in der Wüste,
wo es Wasser gibt.
Oft wird dort ein Dorf
oder eine Stadt gebaut.

Sandwüste
Hügel aus heißem Sand
treibt der Wind
wie große Wellen
vor sich her:
die Dünen.

Käfer
Dieser Käfer hat gelbe Flügelklappen,
so daß man ihn im Wüstensand
fast nicht sieht.
Seine langen Beine halten seinen Körper
vom heißen Boden fern.

Kamel
Kamele können tagelang
ohne Futter und Wasser
auskommen.
Sie leben dann
von den Fettpolstern
in ihren Höckern.
Dieses Kamel
ist ein Dromedar
und hat nur
einen Höcker.
Es lebt in den
Wüsten Afrikas,
Arabiens
und Australiens.

Das Kamel
hat dicke
Augenlider,
die seine
Augen vor
dem Sand
schützen, den
der Wüstenwind
durch die Luft wirbelt.

Skorpion
Der Skorpion
trägt an seinem
Schwanzende
einen giftigen
Stachel.
Er jagt nachts
nach Insekten.

Zweihöckriges Kamel
Dieses Kamel, auch Trampeltier
genannt, trägt zwei Höcker
auf seinem Rücken.
Es lebt in den Steppen
von Asien.

Tuaregs
Das Volk der Tuaregs lebt in der Wüste Sahara.
Sie wohnen in langgestreckten Zelten
aus Ziegen- oder Schafsleder,
die man leicht auf- und abbauen kann.
Als Nomaden ziehen sie mit ihren Kamel-
und Ziegenherden von einem Ort
zum anderen, wo es Futter gibt.

Felswüste
In manchen Wüsten ist der Boden felsig.
Nur Pflanzen, die Wasser speichern,
können hier überleben,
manchmal sogar jahrelang.

Klapperschlange
Die Klapperschlange
hat ihren Namen
von der Klapper
am Ende ihres Schwanzes.
Sie schüttelt ihn, um mit
dem Lärm andere Tiere
abzuschrecken.

Diese Klapperschlange
vergräbt sich im Sand,
wo sie es an heißen Tagen
etwas kühler hat.

Kaktus
Der Saguaro-Kaktus ist ein Riesenkaktus,
wächst aber sehr langsam:
in 30 Jahren ungefähr einen Meter.
Er kann bis zu zweihundert Jahre alt
und größer als ein Haus werden.

Die Nist-Höhle einer Eule
in einer großen Kaktuspflanze.

Eidechse
Die Wüsten-
eidechse hat
scharfe Dornen
auf ihrem Rücken, die sie vor
Angriffen schützt.

In der Wüste bläst oft
ein starker, trockener Wind,
der die seltsamsten Formen
in die Felsen schneidet.

Wüstenspringmaus
Tagsüber bleibt die
Wüstenspringmaus
in ihrer Höhle,
wo sie es kühler hat.

In der Steppe

Steppen sind weite, ebene Landgebiete, wo außer hohem Gras und Gebüsch nur vereinzelt Bäume wachsen. Der Sommer ist hier heiß und trocken, der Winter immer sehr kalt.
Die Steppe ist die Heimat ganz unterschiedlicher Tiere: vom pflanzenfressenden Elefanten bis zum fleischfressenden Löwen.

Zebra
Zebras leben in großen Herden zusammen. Wenn die Herde am Grasen ist, passen die Leittiere auf, ob sich Gefahr nähert.

Elefant
Der Afrikanische Elefant ist das größte lebende Landtier. Nase und Oberlippe des Elefanten bilden zusammen den langen Rüssel; er benützt ihn wie eine Hand, um Pflanzen abzureißen und sie ins Maul zu befördern.

Mit dem Rüssel spritzt sich der Elefant Wasser ins Maul.

Afrikanische Savanne
Die Afrikanische Savanne ist eines der letzten Gebiete unserer Erde, wo noch große Herden wilder Tiere leben. An den wenigen Wasserlöcher kommen oft Hunderte verschiedener Tiere zusammen.

Mit Hilfe ihrer langen Beine und ihres langen Halses kann die Giraffe Blätter hoch oben aus den Baumkronen pflücken.

Das Nilpferd liegt oft stundenlang ohne Bewegung im Wasser. Dort ist es kühler. Nur die Augen und seine Nasenlöcher schauen noch heraus.

Geier
Geier sind Greifvögel mit scharfen Augen. Sie fliegen hoch über der Steppe und halten Ausschau nach toten Tieren, die sie fressen können.

Löwe
Der Löwe lauert am Wasserloch auf Tiere, die zum Trinken kommen, um sich auf sie zu stürzen.
Den Rest des Tages schläft er im Schatten.

Xhosa
Die Xhosaleute leben in Dörfern in den Steppen des südlichen Afrika. Ihre Hütten bauen sie aus Zweigen und Lehm. Das Leben in diesem kargen, unfruchtbaren Land ist hart. Oft müssen die Männer ihre Familien verlassen, um in den großen Städten Arbeit zu suchen.

Kinder hüten die Herde. Sie treiben sie weiter, immer auf der Suche nach frischem Gras.

Viele Xhosa-Frauen bringen zuhause die karge Ernte ein.

Rosa Kakadu

Australische Steppe
In den heißen und trockenen Ebenen Zentral-Australiens leben Känguruhs, Wallabies und Dingos. An den Flußufern wachsen große Eukalyptusbäume, die riesige Schwärme grell-bunter Vögel beherbergen.

Der Emu ist (nach dem Vogel Strauß) der zweitgrößte Vogel der Erde. Er kann zwar nicht fliegen, dafür läuft er aber sehr schnell über den flachen Boden der Steppe.

Dingos sind Wildhunde. Sie jagen im Rudel.

Känguruh
Das Känguruh benutzt seinen langen Schwanz, um beim Springen das Gleichgewicht zu halten.
Das Babykänguruh verbringt die ersten Wochen seines Lebens in einem Fellbeutel am Bauch seiner Mutter.

Im Dschungel

Dschungel sind undurchdringliche Wälder,
wo es immer heiß ist und oft regnet.
Man nennt sie daher auch Regenwälder.
Hier leben Tiere aller Art, große wilde Tiere,
aber auch winzige Insekten.
Die Bäume stehen so dicht zusammen,
daß ihre Wipfel wie ein Dach sind.
Am Erdboden ist es dunkel.

Der Baumfrosch
Der Baumfrosch lebt in den Baumwipfeln. Mit Fingern und Zehen kann er gut greifen.

Der Kolibri
Diese Vögel sind winzig und federleicht. Der Kolibri kann so schnell mit den Flügeln schlagen, daß er wie ein Hubschrauber in der Luft „steht“. Sein Schnabel ist lang und spitz, mit ihm kann er süßen Nektar aus dem Inneren von Blüten saugen.

Wenn Kolibris die Flügel schlagen, klingt es wie ein Summen.

Guzmanie
Diese Pflanze wächst auf den Spitzen hoher Bäume. Sie lebt von Regenwasser, das sie mit Hilfe ihrer geschwungenen Blätter auffängt.

Jaguar
Der Jaguar ist eine Raubkatze. Er kann gut schwimmen und klettern. Sein Fell ist gefleckt wie Blätter in der Sonne. So sieht man ihn kaum, wenn er durch den Dschungel streift.

Ameisen
Diese Ameisen marschieren hintereinander her. Sie reißen Stücke aus Blättern und bringen sie zurück zum Nest.

Affen
Im Dschungel leben
viele verschiedene Affen.
Hoch in den Bäumen
schwingen sie sich
von Ast zu Ast.
Dabei benutzen sie
ihre Arme und Zehen
und manchmal auch
ihren Schwanz.

Schlangen
Dies ist eine Pythonschlange.
Sie kann gut klettern
und frißt Vögel und andere Tiere.
Ihre Haut ist besonders
schön gezeichnet.

Das Faultier
Das Faultier bewegt sich nur sehr langsam.
Die meiste Zeit seines Lebens
hängt es an Bäumen mit dem Rücken nach unten.
Es hält sich mit seinen langen Klauen
an den Ästen fest.

Die Yanomami-Leute
Indianer vom Stamm der Yanomami
leben heute noch so wie ihre
Vorfahren in entlegenen Teilen
des Regenwaldes.
Sie jagen alle möglichen Tiere
und sammeln Beeren
und andere Waldfrüchte.
Auf kleinen Waldlichtungen
pflanzen sie auch einen Teil
ihrer Nahrung selbst an.

Dieser Yanomami-Mann
zeigt einem Kind,
wie man das Werkzeug
benutzt, um Pflanzensamen
einzugraben.

Schmetterlinge
Schmetterlinge sind Insekten,
die vom Nektar der Blüten leben.
Auf Blumen sind sie
wegen ihrer bunten Flügel
für Feinde fast unsichtbar.

Ein Kaiman
hat ein großes Maul
mit über hundert
Zähnen.

Krokodile
Krokodile leben in Flüssen
in Sumpfgebieten.
Sie lauern im trüben Wasser
auf Tiere, die zum Trinken
kommen.

In den Bergen

Berge sind hoch oben meist felsig und kahl
und mit Schnee bedeckt.
Dort ist es sehr kalt, so daß nur wenige
besondere Pflanzen hier wachsen können.
Die Tiere, die hoch oben in den Bergen leben,
können entweder fliegen oder gut klettern.
An den Hängen weiter unten im Tal
wachsen oft dichte Wälder,
in denen noch viele Tiere leben.

Adler bauen ihre Nester an steilen Berghängen, wo ihre Eier und die Jungen sicher sind. Das Adlernest heißt Horst.

Der Bergsteiger trägt einen Helm, um seinen Kopf vor herunterfallenden Steinen zu schützen.

Adler
Der Adler ist ein sehr großer und starker Greifvogel, der kleine Tiere jagt. Mit seinen Klauen oder Fängen kann er Hasen, Murmeltiere oder Eichhörnchen mit sich zum Horst nehmen.

Gemse
Die Gemse gehört zu den Antilopen. An ihren Hufen hat sie weiche Wülste, mit deren Hilfe sie steile Berghänge hinaufklettern kann.

Wasserfälle können entstehen, wenn der Schnee auf dem Gipfel schmilzt und das Schmelzwasser über steile Felswände abwärts stürzt.

Bergsteiger
Ausgerüstet mit Seil und Pickel, klettern sie steile Felswände hoch.

Bergblumen haben meist kurze Stengel, damit der starke Wind die Blüten nicht abreißt.

Wildkatze
Wildkatzen leben im Waldgebirge. Eine Wildkatze hat ein dichtes Fell, das sie in der kalten Gebirgsluft warmhält.
Sie sieht der getigerten Hauskatze ähnlich, ist aber größer.
In Deutschland sind Wildkatzen fast ganz ausgestorben.

Bergbauern
In den Alpen betreiben manche Bauern ihre Höfe noch wie vor Hunderten von Jahren.
Im Frühjahr treiben sie ihre Herden zum Grasen hinauf auf die Almen.
Im Winter werden die Tiere zu ihren Ställen im Tal zurückgebracht.

Skifahren
Skifahren ist in den Bergen ein weit verbreiteter Sport. Auf langen, schmalen Skiern gleitet ein Skifahrer schneebedeckte Hänge abwärts.

Damit sie warm und trocken bleiben, tragen Skifahrer gepolsterte Ski-Anzüge und dicke Skischuhe.

Bär
Der riesige, graue Grizzly-Bär lebt in den Wäldern Nordamerikas.
Er frißt fast alles: Pflanzen, Früchte und Beeren wie auch Honig, Fisch und Fleisch.

Skilifte und Seilbahnen bringen die Skifahrer die Berge hinauf.

Die kräftigen Beine des Braunbärs enden in scharfen, gebogenen Klauen.

In kalten Ländern

Die kalten Länder
in der Nähe von Nord- und Südpol
sind fast das ganze Jahr über
mit Eis und Schnee bedeckt.
Trotzdem gibt es einige Pflanzen
und Tiere, die hier leben.
Eisbären und Huskies
haben ein dickes Fell.

Eisberg
Eisberge sind riesige Eisbrocken, die im Meer treiben.
Der größte Teil des Eisbergs ist unter der Wasseroberfläche.

Eisbär
Der Eisbär lebt auf den weiten Schneefeldern in der Nähe des Nordpols.
Er fängt Robben und Fische.
Seine Beute packt er mit seinen langen, scharfen Krallen.

Eisbären haben Haare an den Sohlen ihrer Füße, damit sie auf Eis nicht ausrutschen.

Eskimos
Die Inuit leben in den arktischen Gebieten Nordamerikas, Grönlands und Rußlands. Sie ernähren sich von der Jagd, vor allem auf Fische und Robben. In der Arktis sind die Sommertage sehr lang. Es wird immer nur für ein paar Stunden dunkel.

Robbe
Dieser Seehund lebt in der Arktis.
Er schwimmt sehr schnell, eine dicke Fettschicht unter der Haut hält ihn im eiskalten Wasser warm.

Husky
Der Husky ist ein großer Hund mit dichtem, gescheckten Fell.
Die Menschen im Polargebiet benutzen Huskies als Schlittenhunde.
Eine Gruppe aus mehreren Schlittenhunden zieht einen Schlitten durch den Schnee.

Leben in der Antarktis
Die einzigen Menschen, die in der Antarktis leben, sind Forscher und Wissenschaftler. Sie studieren die Natur und das Klima.

Die Menschen in der Antarktis leben in wetterfesten Forschungsstationen. Durch Funkgeräte bleiben sie mit der Heimat in Verbindung.

Pinguin
Pinguine leben in der Antarktis.
Sie können zwar nicht fliegen, aber vorzüglich schwimmen und tauchen.
An Land kommen sie nur, um zu brüten und ihre Jungen großzuziehen.

Killerwale leben in Herden zusammen. Sie jagen Pinguine, Robben und Tintenfische.

Wal
In den Meeren um den Nord- und den Südpol leben viele verschiedene Wale. Ein Wal schwimmt zwar unter Wasser, muß aber immer wieder auftauchen, um zu atmen. Die verbrauchte Luft bläst er durch die Atemöffnung am Kopf wieder hinaus.

Auf den Straßen

Autos, Lastwagen, Busse und Motorräder fahren auf den Straßen, um Menschen von einem Ort zum anderen zu bringen. Für weitere Strecken benützt man Autobahnen; da fahren die Autos in zwei oder noch mehr Spuren nebeneinander.

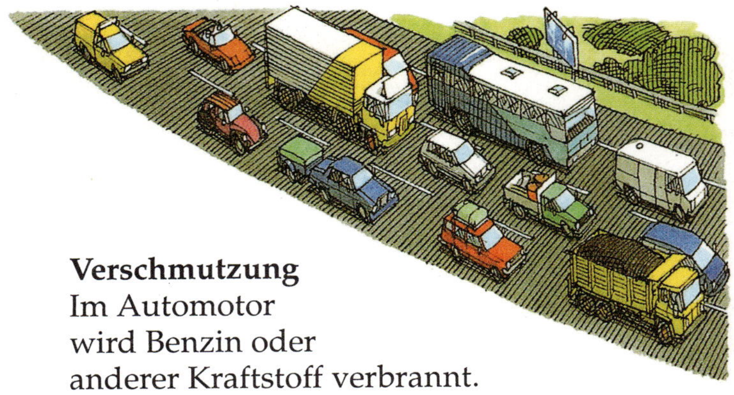

Verschmutzung
Im Automotor wird Benzin oder anderer Kraftstoff verbrannt. Dabei entstehen Abgase, die die Luft verschmutzen. Dies schadet Menschen, Tieren und Pflanzen.

Lastwagen
Lastwagen sind große Fahrzeuge mit starken Motoren. Sie können schwere Ladungen über weite Strecken transportieren. Manche Lastwagen haben Tanks, um Flüssigkeiten zu transportieren, andere sind große fahrbare Kühlschränke, in denen die Lebensmittel frisch bleiben.

Tanklaster

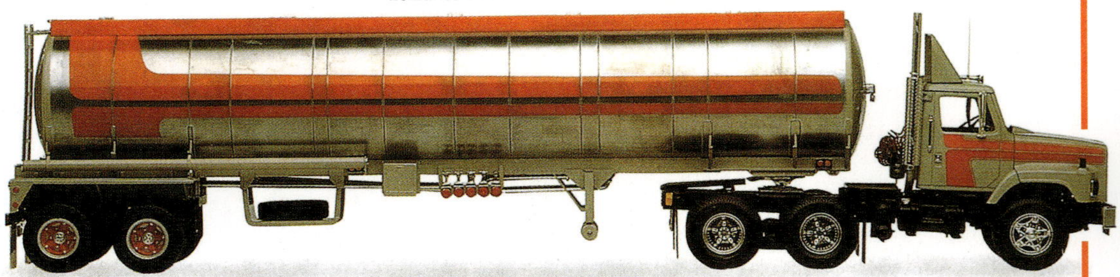

Auto
Heutzutage fahren viele mit ihrem Auto zur Arbeit oder in Ferien. Oft sind die Straßen überfüllt.

Dieses Auto ist ein VW-Golf. Hinter dem Rücksitz hat man viel Platz für Gepäck, Einkaufstaschen oder Kinderwagen.

Straßenbahn
Die Straßenbahn fährt auf Schienen, die meist mitten auf der Straße verlaufen. Sie kann eine Menge Fahrgäste aufnehmen und fährt sogar steile Berge hinauf. Die Kabel über der Straßenbahn versorgen den Motor mit Fahrstrom, so kann die Bahn fahren.

Tiere
In manchen Ländern benützt man Wagen oder Kutschen, die von Pferden, Ochsen oder Eseln gezogen werden. Manche Menschen reiten auch auf Pferden.

Waggon Schienen Lokomotive

Zug
Zugfahren ist schnell und sicher.
Die Passagiere sitzen in Wagen,
die auf Schienen von einer Lokomotive
gezogen oder geschoben werden.
In Zügen, die sehr weite Strecken fahren,
gibt es Schlafwagen.

Bus
Ein Bus kann eine Menge Menschen
gleichzeitig transportieren.
Reisebusse benützt man für Ferienreisen;
der Stadtbus bringt Menschen
von zuhause zur Arbeit oder Kinder zur Schule.

Wohnwagen
Das ist wie ein kleines Haus auf Rädern:
mit Küche, Tisch, Stühlen, Betten und Toilette.
Vor allem in den Ferien macht es Spaß,
im Wohnwagen zu reisen, wohin man
gerade Lust hat.

Fahrrad
Das Fahrrad bewegen wir,
indem wir
in die Pedale treten
und die Kraft
über das Zahnrad
und die Kette
auf das Hinterrad
übertragen.
Rennräder sind sehr
leicht und haben ganz
schmale Reifen.
Ein „Mountain-Bike"
hat breite Reifen.
Mit ihm kann
man auch
auf holprigen
Straßen
und Wegen
fahren.

Motorrad
Ein Motorrad wird
von einem starkem Motor
angetrieben.

Jeep
Ein Jeep ist ein Geländefahrzeug:
der Motor ist stark, die Räder
sind breit mit starkem Profil,
die auch im Sand
oder im holprigen Gelände
guten Halt finden.

Auf dem Wasser

Es gibt viele verschiedene Fahrzeuge, mit denen sich Menschen auf dem Wasser bewegen. Über weite Entfernungen befördern große Schiffe viele Passagiere und schwere Ladungen von einem Land zum anderen. Kleinere Boote, Jachten zum Beispiel, segeln meistens auf Flüssen und Seen.

Jacht
Auf einer Jacht segeln Leute zum Spaß oder zum Sport. Der Wind bläst in die Segel und treibt das Boot voran. Rennjachten sind stark und leicht, damit sie schnell durch das Wasser gleiten.

Mit diesem kleinen Segelboot kann man zu zweit oder allein segeln. Große, hochseetaugliche Jachten brauchen eine ganze Mannschaft.

Große Propeller treiben das Luftkissenboot voran.

Luftkissenboot
Solche Boote erzeugen unter sich ein Luftkissen und können damit sowohl über Land als auch übers Wasser fahren. Luftkissenboote werden meist auf kurzen Strecken eingesetzt.

Hafen
Ein Hafen wird an einem geschützten Platz an der Küste gebaut. Hier können die Schiffe sicher ankern, um Ladung zu löschen oder neue Ladung oder Passagiere an Bord zu nehmen. Lotsenboote helfen den großen Schiffen, sicher in den Hafen hinein- oder aus dem Hafen hinauszufahren.

Riesige Containerschiffe und Öltanker verladen ihre Fracht auf bereitstehende Güterwagen.

Der Leuchtturm warnt die Schiffe durch Leuchtfeuer, wenn sie zu nah an der Küste sind.

Segelschiff
In der Zeit,
bevor es Motoren gab,
brauchte jedes Schiff
entweder Segel
oder Ruder,
um vorwärtszukommen.
Auch heute noch
verwendet
man Segelschiffe
zum Transport
oder zum Sport.

Schaufelraddampfer
Schaufelraddampfer wurden vor ungefähr hundert Jahren benützt.
Eine Dampfmaschine bewegt ein großes breites Rad und treibt so das Schiff an.

Dieses Schiff mit Dreiecksegeln nennt man Dhau.
Es wird vor allem auf dem Nil in Ägypten benützt.

Motorboot
Motorboote sind klein,
haben aber einen starken Motor.
Der Rumpf ist glatt und schlank,
damit das Boot schnell durch das Wasser gleitet.
Mit Motorbooten werden oft Rennen gefahren, oder die Boote ziehen Wasserskifahrer.

Ein Bullauge ist ein rundes Schiffsfenster.

Auf jedem Deck hat das Schiff kleine Rettungsboote.
Die sollen Menschen aufnehmen, falls das Schiff sinkt.

Ozeanriese
Auf Ozeanriesen können
Hunderte von Passagieren
weite Kreuzfahrten unternehmen.
Sie sind wie schwimmende Hotels.
An Bord gibt es alles:
Geschäfte, Bars, Schwimmbäder
und viele Kabinen mit Betten.

Unterseeboot
Mit U-Booten kann man unter Wasser fahren.
Manche U-Boote können lang und tief tauchen;
mit ihrer Hilfe wird das Leben unter Wasser erforscht.

Reisen in der Luft

Schon in der Zeit, von der die Märchen erzählen,
träumten die Menschen davon,
daß sie wie die Vögel fliegen könnten.
Doch erst vor hundert Jahren gelang es,
Flugzeuge bauen, die nicht abstürzten.
Heute fliegen in der ganzen Welt
unzählige Menschen im Flugzeug
sicher und schnell von einem Ort zum anderen.

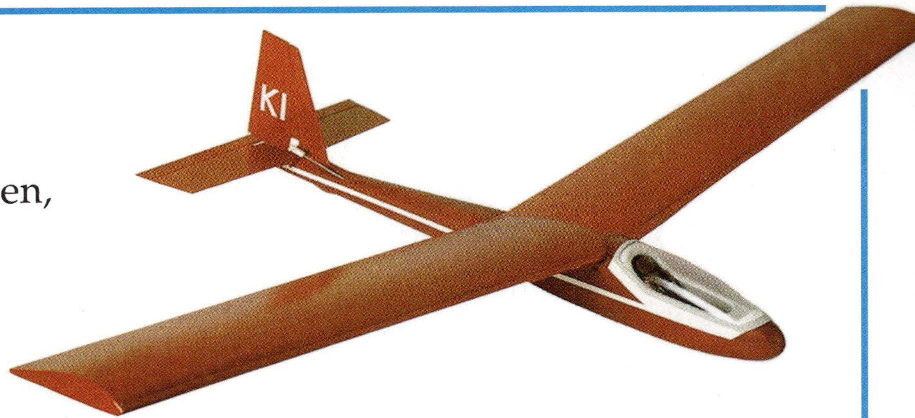

Segelflugzeug
Ein Segelflugzeug
hat keinen Motor.
Ein anderes Flugzeug muß es
an einem Seil hochziehen.
Wenn das Seil ausgeklinkt wird,
kann das Segelflugzeug
alleine weiterfliegen.

Am Flughafen

Am Flughafen
gehen die Passagiere an Bord.
Treibstoff und Verpflegung
für die Reise werden ebenfalls
an Bord gebracht.

Der Pilot steuert das Flugzeug
bis zum Anfang der Startbahn
und wartet dort,
bis der Kontrollturm
die Starterlaubnis erteilt.

Das Flugzeug beschleunigt auf der
Startbahn, bis es schnell genug ist,
um vom Boden abzuheben.
Das Flugzeug fliegt zu einem
anderen Flughafen und landet dort.

Hubschrauber
An Stelle von Flügeln hat ein Hubschrauber
vier Rotorblätter.
Er kann damit senkrecht nach oben fliegen
und sogar in der Luft stehenbleiben.
Dadurch kann ein Hubschrauber
fast überall starten und landen.

Die Rotorblätter wirbeln
und heben den Hubschrauber
empor.

Mit Hubschraubern
werden oft Menschen
gerettet, die sich in
Not und Gefahr befinden.

Wasserflugzeug
Ein Wasserflugzeug kann auf dem Wasser landen.
An Stelle der Räder hat es Kufen oder Schwimmer.

Sportflugzeuge
Sportflugzeuge sind ziemlich klein. Sie können immer nur wenige Menschen auf einmal transportieren, dafür brauchen sie aber auch nur eine sehr kurze Start- und Landebahn. In manchen Ländern benutzen die Leute Sportflugzeuge wie Autos, um große Entfernungen zu überwinden.

Concorde
Die Concorde ist ein Überschallflugzeug: Sie kann also schneller als der Schall fliegen. Damit fliegt die Concorde höher und schneller als die anderen Passagierflugzeuge; aber sie ist auch sehr laut beim Start und verbraucht sehr viel Treibstoff.

Flugbegleiter/Stewardessen
Flugbegleiter sorgen auf der Flugreise für die Bequemlichkeit der Passagiere.

Der Flugbegleiter oder Steward serviert auf langen Flügen Essen und Trinken.

Die Mannschaft
Der Pilot und der Co-Pilot arbeiten im Cockpit; sie steuern das Flugzeug und überwachen andauernd die Geräte, damit das Flugzeug immer in der richtigen Höhe und mit der richtigen Geschwindigkeit fliegt.

Passagierflugzeug
Dieses riesige Flugzeug ist ein Jumbo-Jet. Mit ihm können mehr als fünfhundert Passagiere in weit entfernte Länder fliegen.

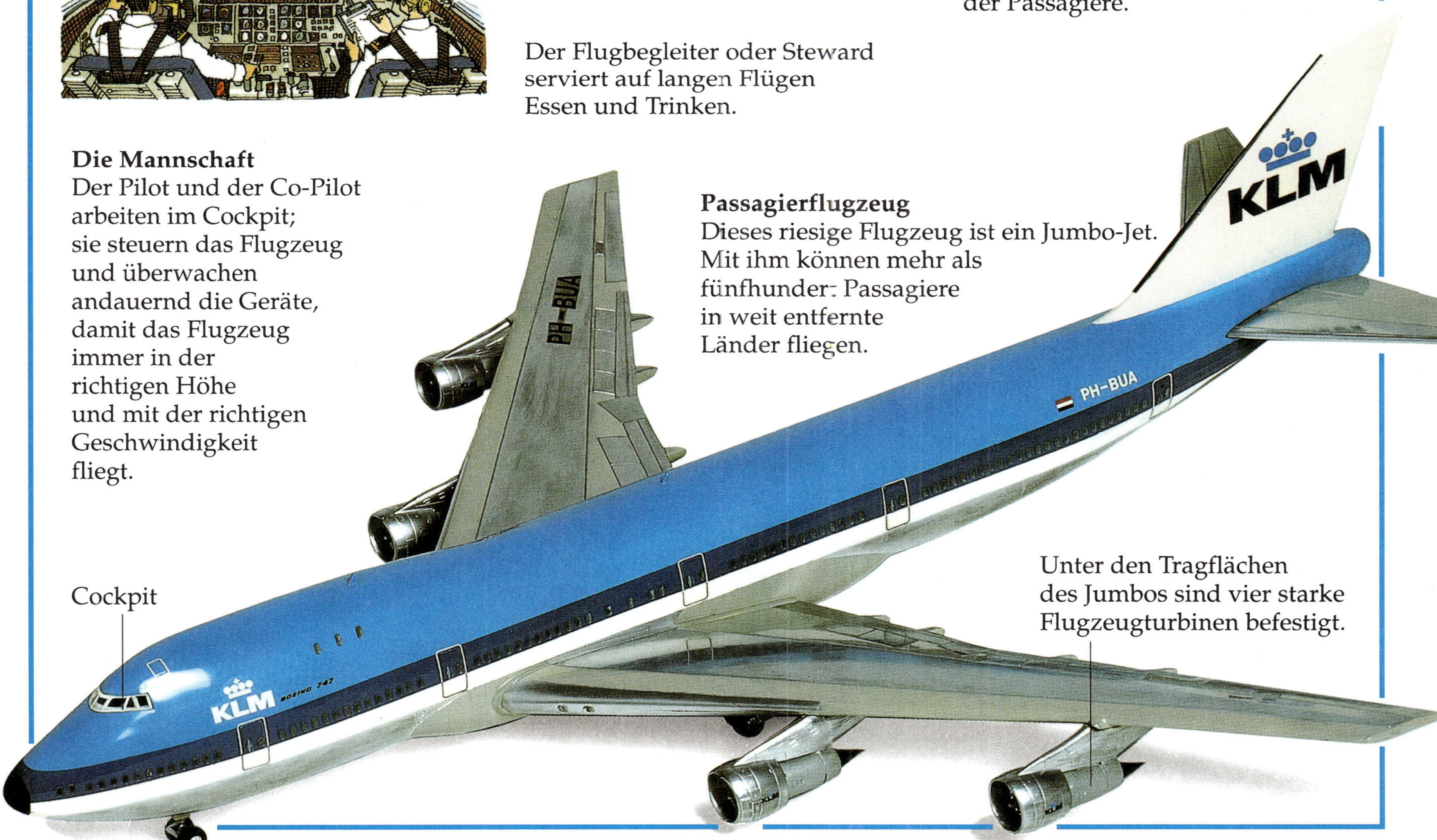

Unter den Tragflächen des Jumbos sind vier starke Flugzeugturbinen befestigt.

Im Weltraum

Der Planet, auf dem wir leben, ist die Erde. Sie ist umgeben von einer Luftschicht: der Atmosphäre. Über dieser Atmosphäre öffnet sich der weite Weltraum mit Sonne, Mond, Sternen und anderen Planeten. Astronauten fliegen mit Raumschiffen in den Weltraum, um ihn zu erforschen.

Sonnensystem
Die Erde ist einer von neun Planeten, die auf kreisförmigen Bahnen (Orbits) um die Sonne kreisen.
Die Sonne und die neun Planeten bilden zusammen das Sonnensystem.

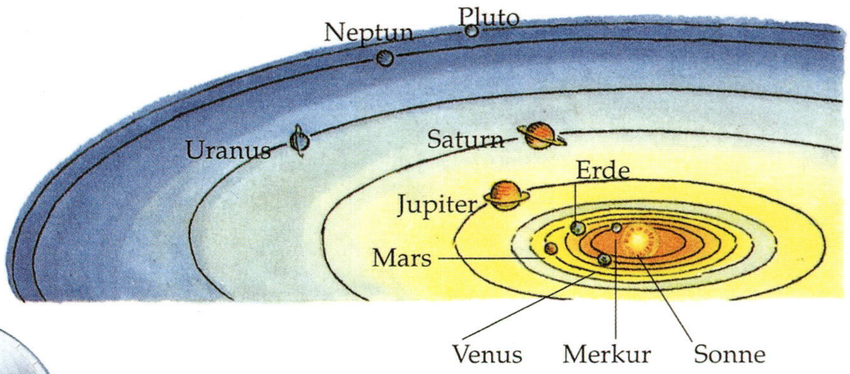

Sterne
Sterne sind riesige, selbstleuchtende Gaskugeln.
Bei klarem Himmel können wir nachts bis zu 2500 Sterne am Himmel sehen.
In Observatorien arbeiten Wissenschaftler, die Astronomen, an riesigen Teleskopen, um die Sterne zu studieren.

Raumfähre
Die ersten Raumschiffe waren Raketen, die man nur einmal benutzen konnte.
Die Raumfähre ist ein spezielles Raumschiff, das immer wieder benutzt werden kann.
Es hat Flügel, mit denen es, wenn es in die Erdatmosphäre zurückkommt, wie ein Segelflugzeug gleiten kann.

Treibstoff-tank

Diese Startraketen tragen die Raumfähre hinaus in den Weltraum.

Satelliten umkreisen die Erde und senden Signale, die man auf der Erde mit Hilfe von Satellitenschüsseln empfangen kann.

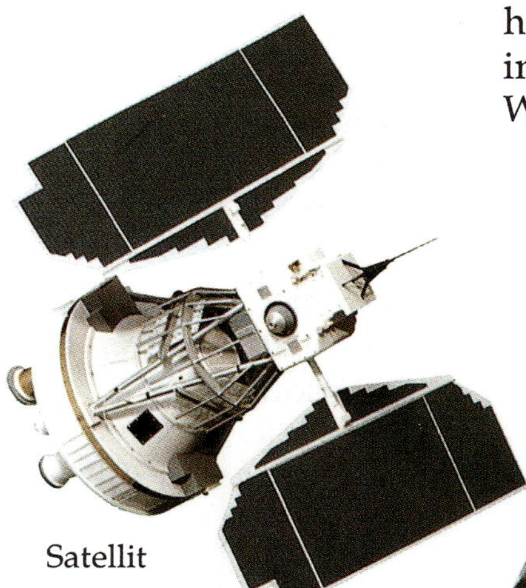

Satellit

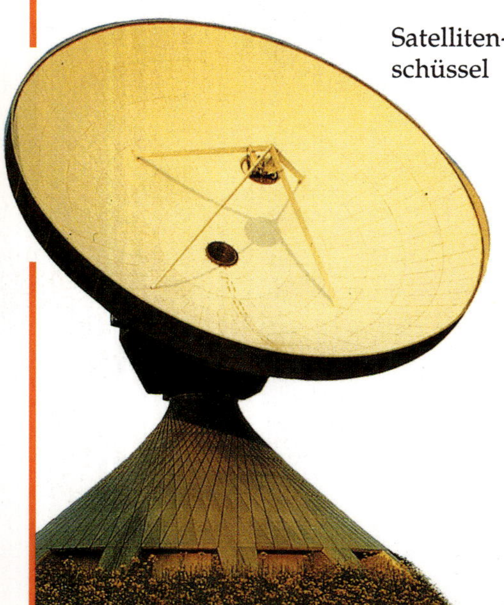

Satelliten-schüssel

Satellit
Satelliten werden mit Hilfe von Raketen oder Raumfähren in eine Erdumlaufbahn gebracht.
Man benutzt sie zur Wetterbeobachtung, zur Weltraumforschung und um Fernsehprogramme zu übertragen.

Raumfähre

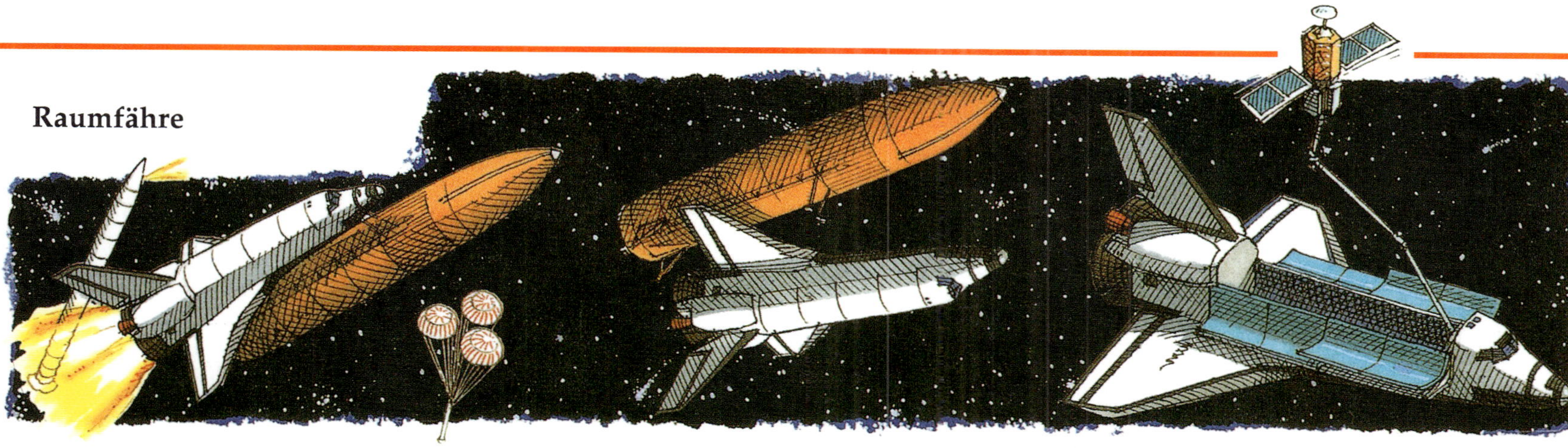

Die Raumfähre ist in den Weltraum geschossen worden. Wenn sie etwa 45 Kilometer über der Erde ist, werden die Startraketen abgestoßen, sie stürzen ins Meer.

Zusammen mit dem großen Treibstofftank fliegt die Raumfähre weiter ins All. Ist der Tank leer, wird er abgestoßen, fällt zurück in die Atmosphäre und verglüht.

Wenn die Raumfähre ihre Umlaufbahn erreicht hat, beginnen die Astronauten mit ihrer Arbeit: sie reparieren defekte Satelliten und setzen neue Satelliten aus.

Raumanzug
Wenn die Astronauten ihr Raumschiff verlassen, müssen sie Raumanzüge tragen. Auf dem Rücken haben sie Tanks mit Sauerstoff zum Atmen.

Die Rucksäcke der Raumanzüge enthalten auch Wasser, das durch Leitungen im Anzug des Astronauten gepumpt wird, um ihn kühl zu halten.

Im Weltraum fließen Flüssigkeiten nicht. Daher müssen Astronauten ihre Getränke aus Bechern und Flaschen saugen.

Schwerelosigkeit
Wenn sich das Raumschiff im Weltraum befindet, haben die Dinge und die Menschen kein Gewicht mehr. Alles schwebt, was nicht festgemacht ist. Zum Schlafen müssen sich die Astronauten in besondere Schlafsäcke legen.

Mondlandung
Am 21. Juli 1969 betraten zwei Amerikaner als die ersten Menschen die Mondoberfläche. Sie waren in der riesigen Apollo-Rakete zum Mond geflogen. Seitdem gab es noch fünf Mondlandungen.

Wo finde ich was?

Hinweise

Der Verlag dankt den folgenden Personen und Institutionen für Mitarbeit und Unterstützung:

Illustration und Gestaltung: Sharon Peters, Cheryl Telfer, Janos Marffy

Bildquellen: Catherine O'Rourke

Bildagenturen: (o = oben, M = Mitte, u = unten, l = links, r = rechts) Bruce Coleman Ltd/Gerald Cubitt 58 M.r; EPR Architects Ltd 32 o.r, M, u.l, 33 M.l; Robert Harding Picture Library 68 M.r.; Oxford Scientific Films/TS McCann 64 u.r.; Science Photo Library/Tony Craddock 72 u.l.; John Mead 72 M./ NASA 72 u.r., 73 u.r.; Zefa 65 u.

Photographen: Simon Battensby, Paul Bricknell, Jane Burton, Peter Chadwick, Andy Crawford, Geoff Dann, Philip Dowell, Michael Dunning, Andreas Einsiedel, Philip Gatward, Steve Gorton, Frank Greenaway, Stephen Hayward, Colin Keates, Dave King, Cyril Laubscher, Dominic Marsden, Andrew McRobb, Ray Moller, Ian O'Leary, Oxford Scientific Films, Stephen Oliver, Daniel Pangbourne, Michael Pitts, Tim Ridley, Tim Shepherd/Oxford Scientific Films, Karl Shone, James Stevenson/ Greenwich Maritime Museum, Kim Taylor, Jerry Young.